BANGKOK

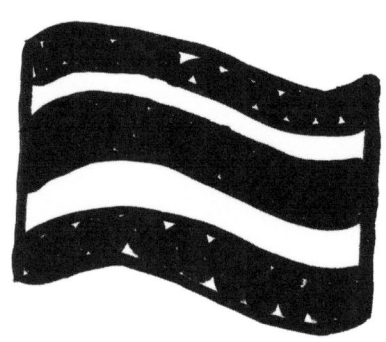

Streetfood

BANGKOK
Streetfood

Sareen Rojanametin &
Jean Thamthanakorn

Foodfotografie Alana Dimou

70
authentische
Rezepte

INHALT

Einführung

Mit einer grünen Mango in einer Hand und einer Portion Chili-Dip in der anderen streiften wir durch die engen Gassen von Jatujak – der größte Wochenendmarkt in Bangkok. Er gilt als der beste Markt der Stadt und zieht Touristen und Einheimische gleichermaßen an. Man findet dort alles, von Bekleidung über Vintage-Schätze und traditionelles Kunsthandwerk bis zu köstlichem Streetfood und leckeren Drinks. Gleich gegenüber, auf der anderen Straßenseite von Jatujak, liegt einer der weltweit berühmtesten Lebensmittelmärkte, Aor Tor Kor, auf dem es Produkte von Bauern aus der Umgebung gibt und unzählige Streetfood-Verkäufer aus ganz Thailand, die ihre regionalen Spezialitäten zubereiten und servieren.

Diese beiden Märkte bringen die Bedeutung von Lebensmitteln und Essen in der Kultur der Thai genau auf den Punkt, man kann sich im Trubel und der Vielfalt des Angebots und der Gerüche verlieren und erleben, wie wichtig alles Kulinarische für das Leben in Bangkok ist. Selbst der Alltags-Smalltalk spiegelt die Bedeutung von Nahrung und Essen für die Thai wider: Die Einheimischen begrüßen sich eher mit »Hast du schon gegessen?«, als zu fragen, wie es dem Gegenüber geht. Auch das Kochen passiert nicht hinter verschlossenen Türen, in den Küchen zu Hause oder in Restaurants; ein großer Teil des besten Thai-Food wird auf der Straße zubereitet, serviert und gegessen.

Die Geschichte Thailands und seiner kulinarischen Kultur reicht bis ins 6. Jahrhundert zurück, als die Mon einwanderten, später gefolgt von den Khmer, Malaien und Angehörigen der Tai-Völker.

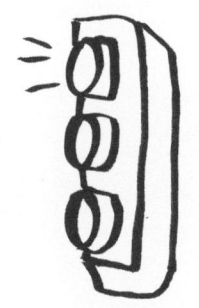

Im 14. Jahrhundert nannte man das Land Siam, und die Hauptstadt des mächtigen Königreichs Ayutthaya galt aufgrund ihres blühenden Handels und der wachsenden Bevölkerung als eine der reichsten Städte der Welt.

Zur Zeit des Ayutthaya-Königreichs (1351–1767) lernte die Thai-Bevölkerung nicht nur neue Waren kennen, sondern auch andere Lebensweisen und vor allem anderes Essen. Viele Zutaten und Gerichte, die heute als thailändisch gelten, kamen ursprünglich mit Einwanderern ins Land. Chili wurde von den Portugiesen im 16. Jahrhundert eingeführt; viele der Gewürze in Thai-Currys brachten indische Händler mit, und das kurze Pfannenrühren (Garen im Wok) bei hoher Temperatur ist eine Kochtechnik, die auf die Chinesen zurückgeht. Diese Geschichte des Landes, mit vielerlei Handelsbeziehungen in fremde Länder und mit neuen kulturellen Einflüssen, trug zur Vielseitigkeit und zum Aromenreichtum der Thai-Küche bei, wie wir sie heute kennen und lieben.

Thailands unterschiedliche klimatische Bedingungen und Landschaften beeinflussen die Erzeugnisse und Zutaten, die zum Kochen verwendet werden können, zudem hat jede Region eigene Traditionen, Ausdrucksweisen, Kochstile und typische Gerichte. In Thailands Hauptstadt Bangkok prallen sie alle aufeinander, im Schmelztiegel von Kulturen, Religionen, Menschen unterschiedlicher Herkunft und Küchen – ein lebhafter Kontrast zur beschaulichen ländlichen Nachbarschaft. Auch deshalb lockt Bangkok Millionen von Menschen aus ganz Thailand an, die dann ihrerseits ihre eigene Art zu leben und zu kochen einbringen.

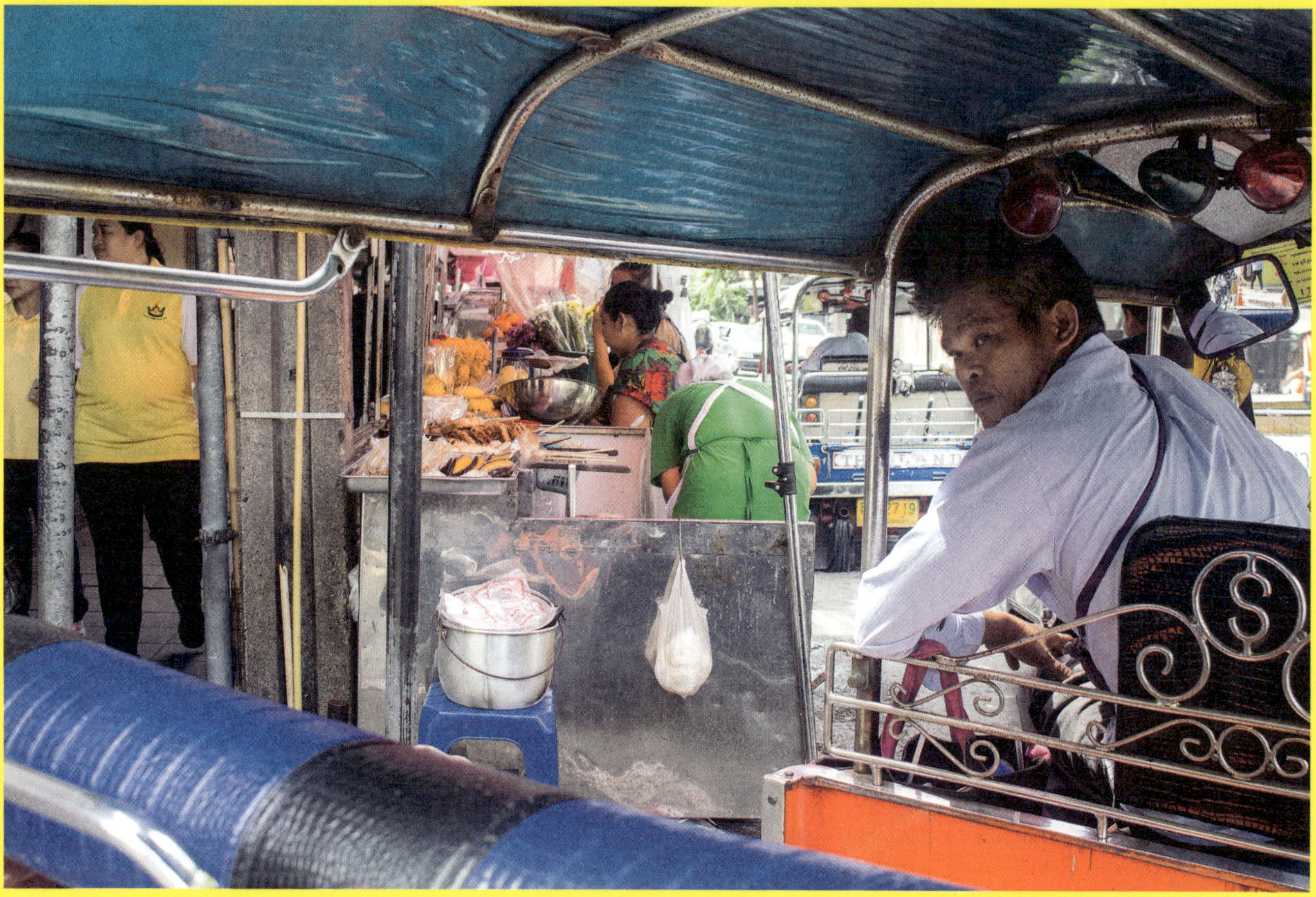

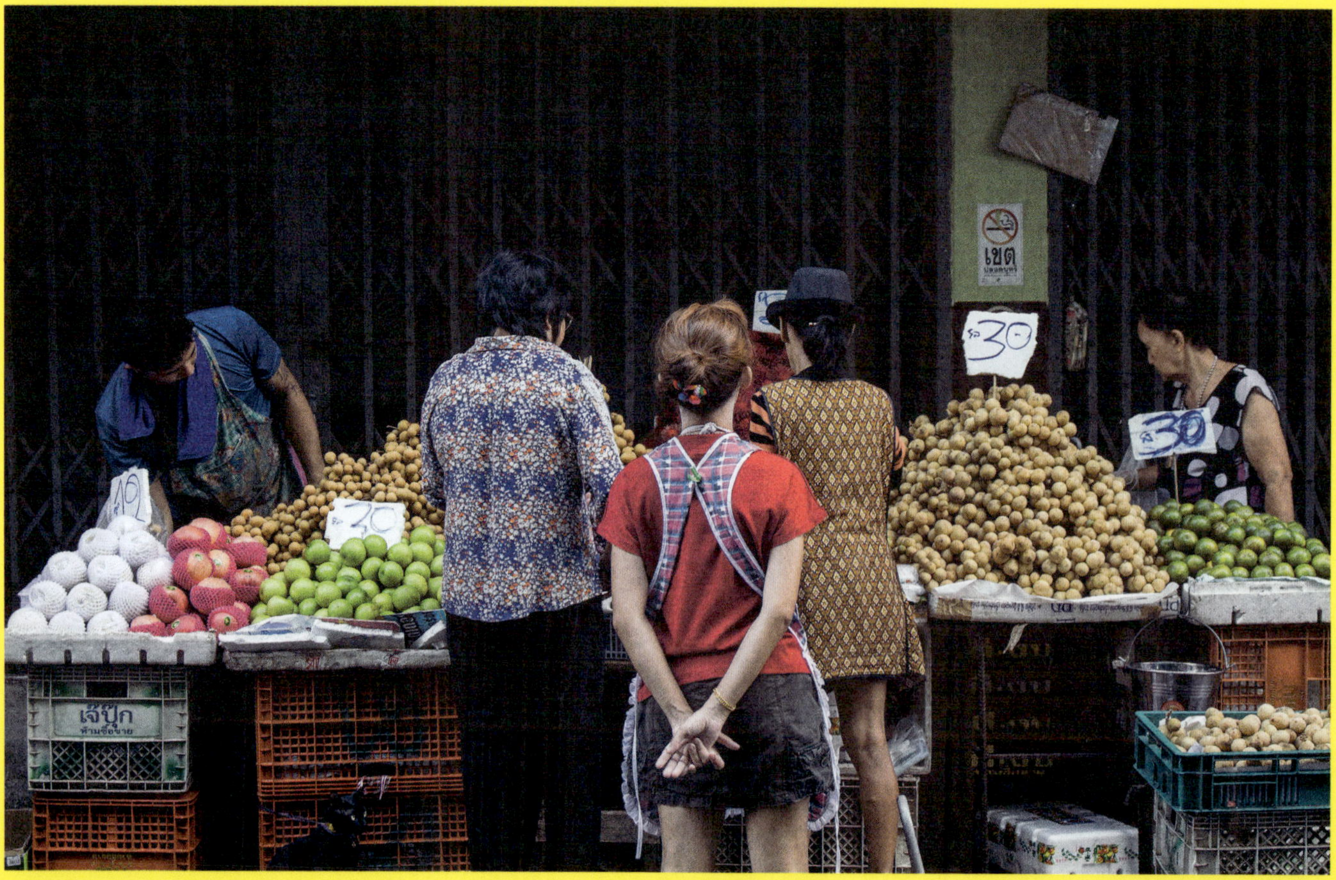
30
30

Bangkok ist ungeheuer groß, mit zahlreichen quirligen historischen und neuen Stadtteilen, die sich immer weiter um das Zentrum ausbreiten. Im Stadtteil Yaowarat, der Chinatown von Bangkok, lebt seit 1782 ein Großteil der in Thailand ansässigen Chinesen. Hier kann man leicht einen ganzen Tag damit verbringen, die Straßen und Märkte zu erkunden, bis mit der einbrechenden Dunkelheit Lampen und Kerzen die Gassen beleuchten und die Garküchen alles Erdenkliche von Meeresfrüchten über Congee bis zur Innereiensuppe und Vogelnestern in Zuckersirup anbieten. In einer der größten Chinatowns der Welt kann man leicht vergessen, dass man nicht in Hongkong oder Peking unterwegs ist, sondern in Bangkok.

Unweit von Yaowarat liegt die Ratchadamnoen Avenue, die durch Rattanakosin führt, Bangkoks Altstadt – mit dem Königspalast und dem atemberaubenden Tempel des Smaragd-Buddha (Wat Phra Khaeo) sowie weiteren historisch und kulturell bedeutenden Sehenswürdigkeiten. Zwischen Yaowarat und der Ratchadamnoen Avenue gibt es nahezu an jeder Ecke weitere Streetfood-Stände, darunter auch der legendäre Thipsamai Pad Thai, der älteste und – fragt man Einheimische – beste Anbieter von *pad thai*.

Am anderen Ende der Stadt führt die Sukhumvit Road, Thailands längste Straße, von Bangkok bis in die mehr als 300 Kilo-

meter entfernte Stadt Trat. Die Sukhumvit Road ist eine touristisch attraktive, sehr geschäftige Straße, die von unzähligen Cafés, Bars und Einkaufscentern gesäumt wird, jedoch wenig authentische Thai-Erlebnisse bietet. Hierher geht man essen, wenn es eher internationale Küche sein soll, und findet unter anderem eine Reihe von italienischen, französischen, japanischen und amerikanischen Gourmetrestaurants.

Daneben gibt es in Bangkok auch einige »Floating Markets«, schwimmende Märkte – für Besucher eine Gelegenheit zu erleben, wie die Einheimischen früher lebten. In den Holzhäusern entlang schmaler Kanäle und von den Longtail-Booten aus wird traditionelles Thai-Food verkauft, und man bewegt sich eher auf dem Wasserweg als auf Straßen fort.

Unabhängig davon, wo Sie in Bangkok gerade unterwegs sind, überall in den Restaurants, auf der Straße und auf den Märkten sind engagierte Köche hingebungsvoll am Werk, um ihren nicht minder hingebungsvollen Gästen authentische Gerichte zu servieren. Essen steht in dieser Stadt und für ihre Bewohner im Mittelpunkt, und Bangkok und die Thai-Küche sind immer für eine Überraschung gut. Also leisten Sie uns Gesellschaft bei der Erkundung der Geschichten und Rezepte dieser wunderbaren Stadt und entdecken Sie neue Köstlichkeiten und Tafelfreuden!

Tipps vom Küchenchef

Ein Mörser ist das wichtigste Küchenutensil für authentische Thai-Küche. Er wird für die Zubereitung von Würzsaucen und Pasten genutzt sowie zum Mahlen von Gewürzen und Currymischungen. Je größer Ihr Mörser und der Stößel sind, umso einfacher ist es, damit zu arbeiten. Wir empfehlen Ihnen, sich einen Mörser für Ihre Küche anzuschaffen, bevor Sie beginnen, die Rezepte aus diesem Buch auszuprobieren.

Reis ist ein Grundnahrungsmittel für die Thai-Bevölkerung. Egal, wie köstlich ein Gericht auch sein mag, ohne Reis wäre eine Mahlzeit nicht vollständig. In den Rezepten verwenden wir Jasmin-Reis, es sei denn, es ist ausdrücklich etwas anderes angegeben.

Gapi ist eine unentbehrliche Zutat für die Thai-Küche und wird aus fermentierten Garnelen hergestellt. Thai-Köche stellen meist nicht ihre eigene *gapi*-Paste her, denn das Fermentieren dauert lange und das fertige Produkt ist überall leicht erhältlich. *Gapi* wird für verschiedene Currypasten, Wok-Gerichte und Suppen verwendet und ist auch die Basis für die heißgeliebte Garnelenwürzsauce *nam prik gapi*, die die Einheimischen gerne zu Makrele und Gemüse servieren. Außerhalb Thailands ist *gapi* in Asia-Supermärkten erhältlich.

Die in Thailand am häufigsten verwendeten Zuckersorten sind Palmzucker und Kokoszucker. Für einige der Rezepte in diesem Buch, insbesondere die Dessertrezepte, ist es wichtig, dass Sie wirklich diese Zuckerarten verwenden. Palmzucker und Kokoszucker müssen fein gerieben oder geschmolzen werden, bevor man sie mit anderen Zutaten vermischen kann. Wenn in einem Rezept geschmolzener Palm- oder Kokoszucker vorgesehen ist, müssen Sie nur die benötigte Menge in einem Topf bei niedriger Temperatur erwärmen, bis der Zucker flüssig wird.

Sowohl Kokosmilch als auch Kokoscreme werden in der Thai-Küche verwendet, und es ist wichtig, den Unterschied zu kennen. Kokosmilch ist flüssig, ähnlich wie Kuhmilch, während Kokoscreme dickflüssiger und gehaltvoller ist. Beide beeinflussen Geschmack und Textur der Gerichte unterschiedlich, daher können sie sich nicht einfach gegenseitig ersetzen. In einigen Rezepten, vor allem für Curry-Gerichte, wird »getrennte« Kokoscreme benötigt; damit ist erhitzte Kokoscreme gemeint, wodurch sich das Öl von den festen Bestandteilen absetzt. Vermischt man diese mit einer Currypaste, wird das Curry-Gericht konzentrierter und aromatischer.

Die Thai-Chilipaste *nam prik pao* ist eine weitere viel verwendete Zutat in der Thai-Küche. Sie stammt aus Zentralthailand und wird aus getrockneten Chilis, roten Thai-Schalotten und Knoblauch hergestellt. Thai stellen Chilipaste nur selten selbst her, da sie überall leicht zu bekommen ist. Außerhalb von Thailand ist *nam prik pao* in Asia-Supermärkten erhältlich.

Eine traditionelle Zutat ist auch *nam poon sai*, Limewater, vor allem für Desserts. Für diese basische Lösung (Lauge) wird Lime Powder (Calciumhydroxid) mit Wasser vermischt sowie manchmal noch mit gemahlener Kurkuma. Mit *nam poon sai* wird Ausbackteig und Gebäck knuspriger und Früchte bleiben auch bei langer Garzeit fest. Lime Powder für *nam poon sai* ist in Thai-Supermärkten erhältlich, und ein Rezept, um selbst Limewater zu mixen, finden Sie auf Seite 190.

Die Rezepte in diesem Buch wollen nur Anregungen geben, es sind keine verbindlichen, feststehenden Vorgaben. In Thailand gibt es in jedem Zuhause und in jeder Küche – von jeder Großmutter und Mutter – eigene Varianten der Gerichte, mit ein bisschen mehr von diesem oder jenem, es wird experimentiert, dem eigenen Geschmack angepasst und einfach nach Bauchgefühl gekocht. Deshalb ist die Thai-Küche so wunderbar, einzigartig und vielseitig.

Wenn Sie den Rezepten genau folgen, wird Ihr Essen auf jeden Fall köstlich sein, doch wenn Sie Ihr Gericht etwas süßer, schärfer, salziger oder mit etwas mehr Säure lieber mögen – oder eine Zutat oder zwei durch andere ersetzen wollen –, dann tun Sie es einfach. Das Kochen macht dann erst richtig Spaß!

Machen Sie sich das Wesentliche der Thai-Küche zu eigen, lesen Sie unsere Rezepte, probieren Sie sie aus, vergessen Sie sie anschließend und folgen Sie beim Kochen Ihrem Bauchgefühl. Schmecken Sie so lange ab und bessern Sie nach, bis die Gerichte wirklich Ihre eigenen sind und nicht unsere. Viel Vergnügen!

MOR

GENS

MORGENS

Morgens erhält man in Bangkok einen guten Einblick in die thailändische Lebensweise und die entscheidende Rolle, die das Essen für die Thai-Kultur spielt. In der Morgendämmerung beginnen die Stadtbewohner ihren Tag damit, Essen für die buddhistischen Mönche zuzubereiten und zu spenden. Diese verlassen ihre Tempel und nehmen die Almosen entgegen, wie es täglicher Brauch ist. Weil die Mönche sich nur von gespendetem Essen ernähren, gilt die Essensgabe als eine Möglichkeit, für gutes Karma zu sorgen.

Bei Sonnenaufgang bauen Streetfood-Verkäufer in der ganzen Stadt ihre Stände auf und bereiten verschiedene Frühstücksgerichte für eilige Esser zu. Sich zu einem großen Frühstück an den Tisch zu setzen ist in Thailand nicht üblich, auch weil die Staus der Rushhour im Berufsverkehr es zu einer Herausforderung machen, überhaupt pünktlich irgendwohin zu gelangen. Stattdessen gibt es zum Frühstück meist irgendetwas Schnelles und Einfaches: beliebte Takeaway-Gerichte sind Spieße mit gegrilltem Schweinefleisch und Klebreis oder Sojamilch und chinesische Doughnuts. Es ist auch nicht ungewöhnlich, Reis, Nudeln oder sogar Currys zum Frühstück zu essen, und viele der Essensstände in der Stadt bieten genau das schon ab dem frühen Morgen an.

Im Allgemeinen ist das Kaffeetrinken in Thailand nicht so verbreitet, deswegen gibt es nicht so viele Cafés wie anderswo. Bislang waren die wenigen Coffeeshops in Bangkok meist Filialen ausländischer Ketten, doch ändert sich das in letzter Zeit – nun eröffnen junge Thai hippe Cafés und servieren Espresso, Filterkaffee und Gebäck.

Am Wochenende ist das »schnell und leicht« der Wochentage vergessen. Morgens kann es dann Omelett mit Garnelen geben oder Reissuppe mit Hackbällchen. Die jüngeren Leute gehen zum Brunch ins Café und genießen dort die eher europäischen Frühstücksangebote und Getränke. Auf den Märkten tummeln sich die Käufer, die anschließend für ihre Familien kochen wollen.

Zu unseren Kindheitserinnerungen an Wochenendmorgen in Bangkok gehören Besuche im Lumpini Park. Der Park, eine friedliche Oase mitten im städtischen Chaos, ist bekannt für seine schönen Grünflächen, auf denen Menschen Aerobic und Tai-Chi praktizieren, und seine Streetfood-Stände, an denen man warmes Congee, chinesische Brötchen und Dim Sum bekommt.

KHAI KRATA

Pfanneneier

Wie der Name schon vermuten lässt, wird dieses einfache Frühstücksgericht gleich in der Pfanne serviert, in der es auch zubereitet wird. *Khai krata* ähnelt anderen Pfannengerichten, die Sie vielleicht schon zum Frühstück genossen haben, und vermutlich ist dieses Rezept vom europäischen Frühstück beeinflusst. Traditionell wird es mit Schweinehack und Schweinswürstchen im Thai-Stil zubereitet, in den letzten Jahren ist es aber gar nicht mehr so leicht zu finden. Nur wenige Kaffeehäuser in Bangkoks Altstadt servieren noch *khai krata* mit Toast und Thai-Kaffee, und es lohnt sich wirklich, sie ausfindig zu machen, wenn Sie Bangkok besuchen.

Für 2 Personen

1 chinesisches Würstchen (*lap cheong*), in 5 mm dicke Scheiben geschnitten

1 Schweinswürstchen, beispielsweise Chorizo

2 EL Traubenkernöl

1 EL Sauerrahmbutter

4 Eier

2 Scheiben Schinken

1 Frühlingszwiebel, in feine Ringe geschnitten

frisch gemahlener weißer Pfeffer, zum Abschmecken

Gewürztes Schweinehack

2 EL Traubenkernöl

½ Zwiebel, gewürfelt

100 g Schweinehack

4 Riesengarnelen, geschält und grob gehackt

1 EL Austernsauce

1 EL Sojasauce

frisch gemahlener weißer Pfeffer, zum Abschmecken

1 Für das gewürzte Schweinehack in einer beschichteten Pfanne das Öl bei mittlerer Temperatur erhitzen. Die Zwiebelwürfel darin glasig schwitzen, dann das Hack und die Garnelen zugeben. Die Temperatur erhöhen und das Ganze 2–3 Minuten braten, dabei stetig umrühren. Die restlichen Zutaten für das gewürzte Schweinehack hinzufügen und abschmecken. Vom Herd nehmen und beiseitestellen.

2 In einem kleinen Topf Wasser bei hoher Temperatur zum Kochen bringen. Die Würstchenscheiben und das ganze Schweinswürstchen darin 5 Minuten kochen, dann abgießen und mit Küchenpapier trocken tupfen. Das ganze Schweinswürstchen nach Belieben in 5 mm dicke Scheiben schneiden. In einer beschichteten Pfanne das Öl bei mittlerer Temperatur erhitzen und die Würstchen darin goldbraun braten. Vom Herd nehmen und beiseitestellen.

3 Die Butter auf zwei kleine Servierpfannen verteilen und bei mittlerer Temperatur zerlassen, dann 2 Eier in jede Pfanne schlagen. Die Eier zugedeckt 2 Minuten garen. Schweinehack, Würstchen und Schinken hinzufügen und in das Eiweiß drücken. Den Deckel auflegen und die Eier so lange garen, wie es Ihrem Geschmack entspricht, dabei häufig kontrollieren. Vom Herd nehmen und mit Frühlingszwiebelringen und weißem Pfeffer bestreuen.

4 Die *khai krata* in den Pfannen servieren, in denen sie zubereitet wurden, aber Vorsicht – sie sind noch heiß.

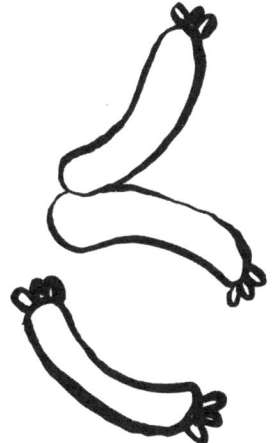

Kahree Puff Gai

Teigtaschen mit Hähnchencurry

Diese muschelförmigen Teigtaschen sind in Thailands muslimischen Gemeinden sehr beliebt. Beeinflusst von portugiesischen Desserts, wie sie im 14. Jahrhundert in Thailand bekannt wurden, verbinden sich in diesem Rezept europäisches Gebäck und asiatische Gewürze. *Kahree puff* können mit den unterschiedlichsten Zutaten gefüllt werden. Es gibt sie sowohl herzhaft als auch süß, wobei die beliebteste Füllung Hähnchen ist. Auf den Märkten in Bangkok findet man die Teigtaschen überall, doch am verbreitetsten sind sie in Saraburi, einer Provinz nordöstlich der Hauptstadt.

Ergibt 15 Stück

150 g Süßkartoffel, gewürfelt

2 EL Butter

50 g Zwiebel, gewürfelt

10 g rote Thai-Schalotte, gewürfelt

100 g Hähnchenbrust, gewürfelt

2 EL Sojasauce

15 g feiner Zucker

1 EL feines Meersalz

½ EL frisch gemahlener weißer Pfeffer

1 EL Currypulver

Pflanzenöl, zum Frittieren

Innerer Teig

70 g Weizenmehl, plus mehr zum Bestäuben, falls erforderlich

3 EL Traubenkernöl

Äußerer Teig

3 EL Limewater (Seite 190)

3 EL Eiswasser

½ EL feiner Zucker

1 TL feines Meersalz

140 g Weizenmehl

3 EL Traubenkernöl

1 Eine große Schüssel mit Eiswasser füllen. In einem Topf Wasser bei hoher Temperatur zum Kochen bringen und die Süßkartoffelwürfel darin 3–5 Minuten vorgaren, sodass sie schon etwas weich werden, aber nicht durchgegart sind. Abgießen und die Süßkartoffeln in das Eiswasser geben. Wenn sie abgekühlt sind, erneut abgießen und beiseitestellen.

2 In einer beschichteten Pfanne die Butter bei mittlerer Temperatur zerlassen und die Zwiebel darin glasig schwitzen, dann die Schalotte hinzufügen und ebenfalls glasig schwitzen. Die Hähnchenbrust, Sojasauce, Zucker, Salz, weißen Pfeffer und Currypulver unterrühren. Die Süßkartoffeln hinzufügen und das Ganze garen, bis sich alles gründlich vermischt hat und trocken ist. Vom Herd nehmen und auf Raumtemperatur abkühlen lassen.

3 Inzwischen für den inneren Teig das Mehl in eine Schüssel sieben. In die Mitte des Mehls eine Mulde drücken und das Öl hineingießen. Mithilfe eines Teigschabers beides vermischen und mit den Händen zu einem glatten Teig verkneten. Beiseitestellen und 10 Minuten ruhen lassen.

4 Für den äußeren Teig in einer kleinen Schüssel Limewater, Eiswasser, Zucker und Salz verrühren. Das Mehl in eine zweite Schüssel sieben. Eine Mulde in die Mitte des Mehls drücken und das Öl und die Limewater-Mischung hineingießen. Mithilfe eines Teigschabers beides vermischen und mit den Händen zu einem Teig verkneten. Beiseitestellen und 10 Minuten ruhen lassen.

5 Aus dem inneren Blätterteig fünf gleich große Kugeln (à etwa 30 g) formen. Aus dem äußeren Blätterteig fünf gleich große Kugeln (à etwa 50 g) formen.

6 Eine Arbeitsfläche mit etwas Mehl bestäuben und den äußeren Blätterteig zu Kreisen ausrollen, die groß genug sind, um die Teigkugeln des inneren Teigs zu umhüllen. Jeweils eine Teigkugel auf die Mitte eines Teigkreises setzen und diese um die Kugel herum einschlagen, sodass man fünf größere Kugeln erhält. Mit einem feuchten Geschirrtuch abdecken.

7 Die Arbeitsfläche erneut mit etwas Mehl bestäuben. Eine Teigkugel mit der Nahtseite nach unten auf die Arbeitsfläche setzen und so in eine Richtung ausrollen, dass der Teig ein 12–15 cm langes Rechteck ergibt. Beginnend mit der Ihnen zugewandten Schmalseite das Rechteck zu einer festen Wurst aufrollen. Die Rolle um 90 Grad drehen, sodass wiederum die schmale Seite zu Ihnen zeigt, dann so in eine Richtung ausrollen, dass der Teig ein 18–20 cm langes Rechteck ergibt. Wieder beginnend mit der Ihnen zugewandten Schmalseite das Rechteck zu einer festen Wurst aufrollen und quer in drei Teile schneiden. Die Drittel mit der Schnittseite nach unten auf die Arbeitsfläche setzen und zu 2–3 mm dünnen Ovalen ausrollen. Beiseitestellen, mit einem feuchten Küchentuch abdecken und ebenso mit den restlichen Teigkugeln verfahren.

8 Um die Curry-Teigtaschen fertigzustellen, legen Sie eines der Teigovale auf Ihre Handfläche. Eine der beiden Seiten sollte ein Spiralmuster aufweisen; diese Teigseite muss nach unten. In der Mitte des Teigovals 1 Esslöffel der Füllung platzieren und die Teigränder mit etwas Wasser einpinseln. Das Teigoval über die Füllung umklappen und die Ränder fest andrücken. Den Rand fälteln, damit die Füllung nicht herauslaufen kann. Mit den restlichen Teigkugeln und der Füllung ebenso verfahren.

9 In einer Fritteuse oder einem großen Topf mit schwerem Boden das Pflanzenöl auf 180 °C erhitzen – wenn es beim Hineingeben einer Messerspitze Mehl zischt, ist es heiß genug – und die Teigtaschen darin portionsweise jeweils 8–10 Minuten goldbraun frittieren. Mithilfe eines Schaumlöffels herausnehmen und vor dem Servieren auf Küchenpapier abtropfen lassen.

Moo ping

Gegrillte Schweinefleischspieße

In Bangkok, wo die tägliche Rushhour am Morgen sehr lange dauern kann, holen sich viele Menschen ihr Frühstück bei Streetfood-Verkäufern. *Moo ping* ist dabei eines der populärsten Gerichte, denn es wird wegen der langen Marinierzeit und wegen des Kochaufwands selten zu Hause selbst gemacht, auf den Straßen in den Morgenstunden ist es dagegen leicht zu bekommen. Das Schweinefleisch wird in aromatischer Würzsauce mariniert, über Holzkohle gegrillt und heiß serviert, meist mit Klebreis. Widerstehen Sie der Versuchung, das fette Schweinekotelett durch ein mageres Stück zu ersetzen, denn das saftig-zarte Fleisch ist das Beste an *moo ping*.

Ergibt 10 Stück

40 g Knoblauch

20 g Korianderwurzeln, sauber abgebürstet

5 g ganze weiße Pfefferkörner

1,2 kg Schweinekotelett (ausgelöst), in 5 mm dünne Scheiben geschnitten

250 ml Kondensmilch

125 ml Kokosmilch

80 ml Sojasauce

½ TL dunkle Sojasauce

80 ml Maggiwürze

70 ml Traubenkernöl

gegarter Klebreis, zum Servieren

1 Im Mörser den Knoblauch, die Korianderwurzeln und die weißen Pfefferkörner zu einer Paste zerstoßen. Die Paste in eine große, säureunempfindliche Schüssel geben und alle restlichen Zutaten außer dem Klebreis hinzufügen und gründlich verrühren. Abdecken und im Kühlschrank einige Stunden marinieren, möglichst über Nacht.

2 Werden Bambusspieße verwendet, müssen diese vor dem Grillen 2 Stunden in Wasser eingeweicht werden, damit sie nicht verbrennen.

3 Auf jeden Spieß 4–6 Scheiben des marinierten Schweinefleischs stecken. Die Marinade zum Grillen aufbewahren.

4 Bei niedriger Temperatur die Schweinefleischspieße 10–15 Minuten auf einem Holzkohlegrill garen, dabei mehrfach auf beiden Seiten mit der Marinade bestreichen. Statt auf dem Holzkohlegrill können die Spieße auch auf einem Gasgrill zubereitet oder in einer Grillpfanne oder beschichteten Pfanne gebraten werden.

5 Heiß mit gegartem Klebreis servieren.

ROTI MATABA
Gefülltes *Roti*-Fladenbrot

Das Rezept für gefülltes Fladenbrot – *roti mataba* – stammt aus den muslimischen Gemeinden Südthailands und hat seine Wurzeln in Indien, wo *roti* ein Grundnahrungsmittel ist. Auch wenn es nicht zum »traditionellen« Thai-Food zählt, wird *roti* in Thailand schon länger gegessen, als sich irgendjemand erinnern kann, und kam mit Einwanderern aus Malaysia und Indien und ihren Kochtraditionen im 14. Jahrhundert ins Land. Bei dieser Variante wird das Fladenbrot mit gut gewürztem Hack und Gemüse gefüllt und anschließend goldbraun gebraten. Das in Bangkok eher seltene *roti mataba* findet man nur an einigen dafür bekannten, auf südthailändische Küche spezialisierten Ständen. Die süße Version von *roti* ist verbreiteter, die Straßenverkäufer bieten es in beliebten Varianten an, beispielsweise mit gesüßter Kondensmilch und Banane. Der Teig für das Fladenbrot muss über Nacht ruhen, daher beginnt man mit der Zubereitung möglichst am Vortag.

Ergibt 4 Stück

70 ml Traubenkernöl, plus mehr zum Einfetten und Braten

½ EL Butter

1 EL Drei-Gewürze-Paste (Seite 194)

1 ½ TL Currypulver

1 Zwiebel, gewürfelt

200 g Hähnchen-Hackfleisch

½ EL feiner Zucker

feines Meersalz, zum Abschmecken

3 Eier, verquirlt

3 Frühlingszwiebeln, in feine Ringe geschnitten

Gurkenrelish (Seite 194), zum Servieren

Roti-Teig

Pflanzenöl, zum Einfetten

300 g Weizenmehl

40 ml Kondensmilch oder vollfette Milch

1 TL feines Meersalz

1 Ei

15 g Ghee oder Butter

1 Für den Teig ein Backblech mit dem Pflanzenöl einfetten und beiseitestellen. Das Mehl in eine große Schüssel oder das Gefäß eines Standmixers mit Knethaken geben und eine Mulde in die Mitte drücken. In einer zweiten Schüssel Milch, Salz, Ei und 130 ml Wasser gründlich verrühren. Die Mischung in die Mulde im Mehl gießen und mit dem Mehl verrühren, bis sich die Masse zu verbinden beginnt. Das Ghee hinzufügen und das Ganze 5 Minuten zu einem glatten Teig verkneten. Abdecken, beiseitestellen und 20 Minuten ruhen lassen.

2 Den Teig in vier Portionen aufteilen. Die Finger mit etwas Pflanzenöl einfetten und aus den Teigportionen Kugeln formen. Die Teigkugeln auf das eingefettete Backblech setzen, mit Klarsichtfolie oder einem Mulltuch (Käseleinen) abdecken und über Nacht kühl stellen.

3 In einer großen beschichteten Pfanne das Öl und die Butter bei mittlerer bis hoher Temperatur erhitzen. Die Drei-Gewürze-Paste und das Currypulver hineingeben und anschwitzen. Die Zwiebel hinzufügen und glasig schwitzen, dann das Hähnchenfleisch 5 Minuten mitbraten, bis es goldbraun und gar ist. Den Zucker hinzufügen und mit Salz abschmecken. Vom Herd nehmen und beiseitestellen.

4 Die Teigkugeln 10–15 Minuten vor der Weiterverarbeitung aus dem Kühlschrank nehmen. Die Arbeitsfläche und die Finger mit Öl einfetten, dann eine Teigkugel auf die Arbeitsfläche setzen und mit den Handballen flach drücken, sodass der Teig 2 mm dick und dreimal so breit wie lang ist. Ein Viertel der Hähnchenfüllung in das mittlere Drittel des Teigrechtecks setzen, mit 3 Esslöffeln der verquirlten Eier beträufeln und mit einem Viertel der Frühlingszwiebelringe bestreuen. Das linke und das rechte Teigdrittel über die Füllung klappen, sodass eine quadratische Teigtasche entsteht und anschließend die Ränder fest andrücken, um sie gut zu verschließen. Mit den restlichen Teigkugeln und der restlichen Füllung ebenso verfahren.

5 In einer großen beschichteten Pfanne etwas Traubenkernöl bei mittlerer Temperatur erhitzen. Die vier *roti mataba*-Päckchen nacheinander darin 2–3 Minuten auf beiden Seiten knusprig und goldbraun braten. Auf einen großen Teller legen und heiß mit dem Gurkenrelish servieren.

KHAI LUK KHEUY

Schwiegersohn-Eier

Es gibt viele Varianten zur Geschichte des Namens dieses berühmten Gerichts (in einigen geht es um eine ungehaltene Schwiegermutter, die eine Botschaft schicken will), doch welche tatsächlich stimmt, weiß man nicht mehr. So bekannt *khai luk kheuy* auch ist, die Zubereitung ist einfach: Gekochte Eier werden goldbraun gebraten und mit Tamarindensauce serviert. Sie schmecken überraschend süß, doch die herzhaften gebratenen Schalotten bilden den unwiderstehlichen Gegenpart zur Süße, und zusammen mit Reis ist das Gericht einfach köstlich. *Khai luk kheuy* kann man zu Hause einfach zubereiten, ist aber auch ein fester Bestandteil im Repertoire der Garküchen und auf den Märkten in Bangkok. In diesem Rezept werden Enteneier verwendet, die ohne Weiteres durch Hühnereier ersetzt werden können.

Für 2 Personen

4 Enteneier

250 ml Traubenkernöl

3 rote Thai-Schalotten, in feine Ringe geschnitten

4 getrocknete rote Chilis

2 EL geriebener Palmzucker

3 EL Tamarindenkonzentrat

1 EL Fischsauce

Koriandergrün, zum Servieren

gedämpfter Jasmin-Reis, zum Servieren

1 Eine große Schüssel mit Eiswasser füllen und beiseitestellen. In einem Topf Wasser bei hoher Temperatur zum Kochen bringen und die Eier darin 6 Minuten kochen, anschließend mithilfe eines Schaumlöffels in das Eiswasser legen. Wenn sie abgekühlt sind, die Eier pellen und beiseitestellen.

2 In einem Wok oder einer tiefen Pfanne das Öl bei niedriger bis mittlerer Temperatur erhitzen und die Schalotten und die getrockneten Chilis darin braten, bis die Schalotten goldbraun und knusprig sind. Mithilfe des Schaumlöffels die Schalotten und die Chilis aus dem Öl heben und auf Küchenpapier abtropfen lassen.

3 In demselben Öl die Eier bei mittlerer Temperatur 2 Minuten goldbraun braten. Mithilfe des Schaumlöffels die Eier herausnehmen und auf Küchenpapier abtropfen lassen.

4 Bis auf 3–4 Esslöffel alles Öl aus dem Wok entfernen und die Temperatur auf niedrige Stufe herunterstellen. Den Palmzucker hinzufügen und schmelzen lassen, bis er karamellisiert und bräunt, dabei darauf achten, dass er nicht anbrennt. Das Tamarindenkonzentrat und die Fischsauce unterrühren und weitere 10 Minuten kontinuierlich umrühren, bis die Sauce sämig wird.

5 Die Eier längs halbieren und auf einer Platte anrichten, mit der Sauce beträufeln und den gebratenen Schalotten und Chilis bestreuen. Mit ein paar Korianderblättchen garnieren und mit gedämpftem Jasmin-Reis servieren.

Reis

Seit Jahrhunderten ist Reis ein Bestandteil der Thai-Kultur und die wichtigste Zutat für die Thai-Küche. Reis ist zudem ein wichtiger Wirtschaftsfaktor, da große Mengen exportiert werden. Früher wurde Reis traditionell von Hand geerntet und war schon deshalb hoch geschätzt, weil die Bauern bei der Ernte unter extremen Bedingungen schwere Arbeit leisteten. Die Einführung moderner Landmaschinen und Agrartechniken verbesserte die Arbeitsbedingungen und machte die Reisernte weniger arbeitsintensiv, wodurch nicht nur die Menge der Reisproduktion stieg, sondern Reis auch erschwinglicher wurde.

Am häufigsten kommen in Thailand Langkornreis (wie Jasmin-Reis) und Klebreis auf den Tisch. Langkornreis wird in den meisten Gegenden Thailands gegessen, doch im Norden und insbesondere im Nordosten ist auch Klebreis populär – dort ist die regionale Küche stark vom benachbarten Laos beeinflusst.

Für thailändische Mahlzeiten ist Reis unentbehrlich, und Gerichte wie Currys oder Suppen sind ohne ihn nicht vollständig. Er ist die wichtigste Zutat in *khao tom* (Reissuppe) und *jok* (Congee), die chinesisch beeinflussten Gerichte, die gerne zum Frühstück oder spätnachts serviert werden. *Khao niaew*, gesüßter Klebreis mit Kokosmilch und frischem

Obst, ist eines der beliebtesten Thai-Desserts, und *khao taen*, knusprige Reiscracker mit Palmzuckersirup, sind ein bekannter Snack. Gemahlener und geröster Reis gibt *laap*, dem berühmten Salat aus Nordostthailand, mehr Geschmack und Textur und begleitet als Dip *gai yang*, gegrilltes Hähnchen. Für *khao mak*, ein althergebrachtes Reisdessert, wird weißer Klebreis sogar fermentiert. Vom Frühstück über das Mittagessen bis zu Süßem zu später Stunde, Reis wird in Thailand immer und in jeder Form gegessen.

JOK

Reisporridge mit Hackbällchen und weichen Eiern

Einen wärmenden herzhaften Reisporridge (*jok* oder Congee) gibt es in Thailand häufig zum Frühstück und als Nachtimbiss. Die Herkunft des Gerichts ist unklar, vermutlich stammt es von der chinesischen Bevölkerung Thailands. *Jok* ist so gut wie überall auf den Straßen und Märkten erhältlich und wird in der Regel aus Bruchreis zubereitet, der sehr lange und sehr weich gegart wird. Dazu werden Beilagen gereicht, sehr häufig beispielsweise Schweinehack und weich gekochte Eier. *Jok* ist zwar sehr verbreitet, muss aber lange gegart werden und wird in Thailand mit viel Aufwand zubereitet. So gibt es einige beliebte Orte, die sich auf *jok* mit ausgefallenen Zutaten spezialisiert haben, etwa mit Innereien vom Schwein oder mit Meeresfrüchten, was die Einheimischen von früh bis spät herbeilockt.

Für 4 Personen

450 g Jasmin-Reis

3 l Schweinebrühe (Seite 192), plus mehr, falls erforderlich

feines Meersalz, zum Abschmecken

4 Eier

frisch gemahlener weißer Pfeffer, zum Servieren

1 EL Sesamöl, zum Servieren

2 Frühlingszwiebeln, fein gehackt, zum Servieren

15 g junger Ingwer, geschält und in feine Streifen geschnitten, zum Servieren

Koriandergrün, zum Servieren

Hackbällchen

5 Knoblauchzehen

10 ganze weiße Pfefferkörner

400 g Schweinehack

2 EL Sojasauce

1 EL feiner Zucker

½ TL Natron (Backsoda)

1 Für die Hackbällchen den Knoblauch und den weißen Pfeffer in einem großen Mörser zu einer feinen Paste zerstoßen. Das Schweinehack hinzufügen und zu einer homogenen Masse verarbeiten, dann die restlichen Zutaten für die Hackbällchen gründlich untermengen. Abdecken und im Kühlschrank mindestens 3 Stunden marinieren.

2 Inzwischen den Reis ein- oder zweimal abspülen und im Sieb gut abtropfen lassen. Mit einem Mixer oder im Mörser den Reis zu mittelfeiner Konsistenz zermahlen.

3 In einem großen Suppentopf den Bruchreis und die Schweinebrühe bei hoher Temperatur zum Kochen bringen. Die Temperatur herunterstellen und das Ganze köcheln lassen, bis die Mischung cremig wird, dabei kontinuierlich umrühren, damit der Reis nicht am Topfboden ansetzt. Wenn der *jok* zu sehr andickt, nach Bedarf noch etwas Brühe oder Wasser nachgießen.

4 Von der marinierten Hackmasse 1 Esslöffel abnehmen und mit angefeuchteten Händen zu einem Hackbällchen formen. Den Vorgang wiederholen, bis das gesamte Schweinehack verbraucht ist. Die Hackbällchen zum *jok* geben und darin 10–15 Minuten köcheln lassen, bis sie gar sind. Mit Salz abschmecken.

5 Einen Topf zur Hälfte mit Wasser füllen und dieses bei hoher Temperatur zum Kochen bringen. Vom Herd nehmen und 1 Minute abkühlen lassen. Die Eier in den Topf legen und 12 Minuten garen lassen. Mithilfe eines Schaumlöffels die Eier in eine Schüssel mit kaltem oder Eiswasser legen und 5 Minuten abkühlen lassen.

6 Den *jok* auf vier Schalen verteilen und in jede ein Ei schlagen. Nach Belieben mit weißem Pfeffer, Sesamöl, Frühlingszwiebel, Ingwer und Korianderblättchen servieren.

Gaeng jeut luk rok

Eierwürstchen-Suppe

Luk rok heißen die Eierwürstchen nach einer alten Technik, die Eier wie beim Wurstmachen zuzubereiten, nur wird die Wursthülle (meist Schweinedarm) mit gewürztem Ei statt mit Fleisch gefüllt. Zuerst wird *luk rok* pochiert, dann in kleine Stücke geschnitten und in duftender herzhafter Brühe zusammen mit Garnelen oder anderen Proteinlieferanten gegart. Obwohl *gaeng juet luk rok* ein wirklich einzigartiges Gericht ist, verschwindet es langsam aus der kulinarischen Landschaft Thailands.

Für 2–4 Personen

1 l Schweinebrühe (Seite 192)

¾ TL ganze schwarze Pfefferkörner, geröstet

3 Korianderwurzeln, sauber abgebürstet und fein gehackt

7 Knoblauchzehen, fein gehackt

2 EL Fischsauce

1 ½ TL Austernsauce

200 g Tigergarnelen, geschält und vom Darm befreit, Schwänze intakt

10 getrocknete Taglilienblüten, eingeweicht und abgegossen (siehe Glossar)

Koriandergrün, zum Servieren

Eierwürstchen

40 cm Wurstdarm

70 g feines Meersalz (nach Belieben)

3 Eier

3 Eigelb von Enteneiern

1 EL Fischsauce

1 Für die Eierwürstchen den Wurstdarm gründlich mit dem Salz einreiben und innen wie außen zweimal abspülen. An einem Ende einen doppelten Knoten in den Wurstdarm machen und beiseitelegen.

2 Die Eier, die Eigelbe und die Fischsauce gründlich verquirlen. Die Mischung zweimal durch ein feines Sieb gießen und in einen Krug oder eine Schüssel mit Ausguss füllen.

3 Das schmale Ende eines Trichters in das offene Ende des Wurstdarms einführen. Den Wurstdarm am Trichter festhalten, die Eiermischung einfüllen und mit einem doppelten Knoten verschließen.

4 Das Eierwürstchen in einen großen, mit Wasser gefüllten Topf legen. Das Ganze bei sehr niedriger Temperatur 2 Stunden sanft köcheln lassen, das Wasser darf nicht kochen. Die Wurst ist gar, wenn man mit einem Zahnstocher hineinstechen kann, ohne dass die Eiermischung ausläuft. Eine große Schüssel mit Eiswasser füllen und die gegarte Wurst mithilfe eines Schaumlöffels hineinlegen. Wenn sie abgekühlt ist, in 2–4 cm lange Stücke schneiden und beiseitestellen.

5 In einem Topf die Schweinebrühe bei mittlerer Temperatur zum Kochen bringen. Inzwischen im Mörser die Pfefferkörner, die Korianderwurzel und den Knoblauch zu einer feinen Paste zermahlen. Die Paste, die Fischsauce und die Austernsauce in die kochende Brühe rühren.

6 Die Garnelen in der Brühe garen, bis sie ihre Farbe verändern, dann die Taglilienblüten und die Eierwürstchen-Stücke hinzufügen. Die Brühe erneut aufkochen und dann vom Herd nehmen. Mit Korianderblättchen bestreut servieren.

NAM TAO HOO

Sojamilch

In Thailand schätzt man Sojamilch als sehr gesundes Frühstück oder Nachtimbiss. Von chinesischen Einwanderer nach Thailand gebracht, kann *nam tao hoo* heiß oder kalt serviert werden und weitere Zutaten enthalten, beispielsweise Graupen, Sago und Grasgelee, und wird meist gesüßt. Auf der Straße bekommt man Sojamilch häufig zusammen mit chinesischen Doughnuts – eine perfekte Kombination zum Frühstück.

Für 6 Personen

250 g getrocknete Sojabohnen

5 Pandanblätter, grob gehackt

2 l gefiltertes Wasser

100 g feiner Zucker

½ TL feines Meersalz, plus mehr, falls erforderlich

1 Die Sojabohnen in einem Durchschlag gründlich unter fließendem Wasser abspülen, bis das Wasser klar bleibt. Verfärbte Bohnen und lose Hülsen entfernen. Die Bohnen in eine große Schüssel geben und in 1 l Wasser mindestens 5 Stunden, aber nicht länger als 10 Stunden einweichen. Dann abgießen, die Sojabohnen erneut unter fließendem Wasser abspülen und wieder abgießen.

2 In einem Mixer die Sojabohnen, die Pandanblätter und das gefilterte Wasser glatt pürieren. Die Flüssigkeit durch ein Mulltuch (Käseleinen) in einen großen Topf abseihen, dabei so viel Flüssigkeit herausdrücken wie möglich. Den übrig gebliebenen Brei entsorgen.

3 Die Flüssigkeit bei mittlerer Temperatur zum Kochen bringen und 5 Minuten köcheln lassen, dabei stetig umrühren. Die Temperatur herunterstellen, dann Zucker und Salz gründlich unterrühren. Nach Belieben mit mehr Zucker oder Salz abschmecken. Vom Herd nehmen und heiß oder kalt servieren.

KHANOM PEUAK TOD

Frittierte Taro-Küchlein

Auch wenn der Name vielleicht vermuten lässt, es handle sich um ein Dessert, ist *khanom peuak tod* tatsächlich ein herzhafter Snack, der mit einer süßsauren Sauce zum Dippen serviert wird. Während des Fests der neun Kaisergötter wird er überall angeboten. Das Festival daoistischen Ursprungs wird im neunten Monat des chinesischen Mondkalenders gefeiert und ist ein wichtiges Fest der thai-chinesischen Gemeinde. Neun Tage lang verzichten die Feiernden auf Fleisch, Meeresfrüchte und Milchprodukte. Auch in anderen Ländern Südostasiens wird das Fest von den chinesischen Gemeinden begangen, darunter Malaysia, Indonesien und Singapur.

Für 4 Personen

175 g Reismehl

150 g Weizenmehl

250 ml Kokosmilch

130 g gegarte schwarze Bohnen

½ Taro-Wurzel, geschält und in Stifte geschnitten

1 TL feines Meersalz

250 ml Pflanzenöl, zum Frittieren

Dip

1 ½ EL Tamarindenkonzentrat

3 EL geriebener Palmzucker

2 rote Chilis, zerdrückt

1 EL grob gehackte Erdnüsse

1 Für den Dip in einem kleinen Topf das Tamarindenkonzentrat, den Palmzucker und 250 ml Wasser bei mittlerer Temperatur erhitzen, dabei stetig umrühren, bis sich der Zucker aufgelöst hat und die Mischung etwas andickt. Vom Herd nehmen und abschmecken; süß und sauer sollten sich die Balance halten. Mit Tamarindenkonzentrat oder Palmzucker nachwürzen, falls erforderlich, dann die Chilis unterrühren. In kleine Schalen füllen, mit den Erdnüssen bestreuen und beiseitestellen.

2 In einer Schüssel alle Zutaten außer dem Salz und dem Öl vermischen, dann 250 ml Wasser hinzufügen und das Salz unterrühren.

3 In einem Wok oder einem Topf mit schwerem Boden das Öl bei mittlerer Temperatur erhitzen, bis ein in das Öl geworfenes Brotstückchen in 30 Sekunden bräunt – auf etwa 190 °C. Eine Schöpfkelle in das Öl tauchen, sodass ihre Innenseite mit heißem Öl überzogen ist.

4 Einen großen Löffel der Taro-Masse in die geölte Schöpfkelle füllen und diese dann vorsichtig in das heiße Öl senken. Die Masse 5–7 Minuten im Öl goldbraun frittieren, bis sie von allein an die Oberfläche steigt. Mithilfe eines Schaumlöffels herausheben und auf Küchenpapier abtropfen lassen. Mit der restlichen Masse ebenso verfahren.

5 Warm mit dem Dip servieren.

KHanom GUI CHAI
Schnittknoblauch-Küchlein

Wie bei den Taro-Küchlein (Seite 35) signalisiert auch hier der Name eigentlich etwas Süßes, aber auch *khanom gui chai* ist herzhaft. Man findet sie auf Märkten und an Streetfood-Ständen in Bangkok. Vermutlich brachten chinesische Händler sie im 19. Jahrhundert mit, doch wirklich beliebt wurden die Küchlein bei den Einheimischen erst nach dem Zweiten Weltkrieg. Es gibt einige Varianten: Küchlein in unterschiedlichen Formen und mit Zutaten wie Bambussprossen, Taro oder Yambohnen gefüllt. Diese Version ist die beliebteste – mit Schnittknoblauch in der herzhaften Füllung und einem weichen Teig aus Tapiokamehl.

Ergibt 12 Stück

125 g Reismehl, plus mehr zum Bestäuben

1 TL weißes Klebreismehl

160 g Tapiokamehl

450 ml kochendes Wasser

30 ml Pflanzenöl, plus mehr zum Einpinseln

Füllung

500 g Schnittknoblauch, in 1 cm lange Stücke geschnitten

1 EL feines Meersalz

100 g feiner Zucker

1 EL Natron (Backsoda)

160 ml Traubenkernöl

Dip

200 ml dunkle Sojasauce

125 ml Weißweinessig

1 TL feines Meersalz

100 g feiner Zucker

2 EL grob zerstoßene rote Chilis

2 EL grob zerstoßene Knoblauchzehen

1 Für die Füllung in einer großen Schüssel alle Zutaten vermischen und den Schnittknoblauch etwas quetschen, damit er weich wird. Alternativ das Ganze in einem Standmixer mit Knethaken auf hoher Stufe 2 Minuten vermengen. Durch ein feines Sieb abgießen und beiseitestellen.

2 Für den Dip in einem kleinen Topf 200 ml Wasser und alle Zutaten außer den Chilis und dem Knoblauch bei niedriger Temperatur erhitzen, bis sich Salz und Zucker aufgelöst haben. Beiseitestellen und abkühlen lassen.

3 Im Behältnis des Standmixers mit Knethaken das Reismehl, das Klebreismehl und und 100 g Tapiokamehl vermischen. Das kochende Wasser hinzufügen und auf hoher Stufe aufschlagen, bis die Konsistenz zähem Leim ähnelt und keine Mehlklümpchen mehr enthalten sind. Beiseitestellen und auf Raumtemperatur abkühlen lassen.

4 Unter die abgekühlte Masse das Pflanzenöl und das restliche Tapiokamehl rühren und auf niedriger Stufe mixen, bis das Öl ganz eingearbeitet ist. Bei laufendem Mixer langsam 45 ml Wasser hinzufügen und weitere 3 Minuten mixen, bis der Teig glänzt und keine Spannung hat –

wenn man mit dem Finger eine Delle hineindrückt, sollte der Teig nicht zurückspringen.

5 Ein Stück Teig mit 2–3 cm Durchmesser abnehmen, mit etwas Reismehl bestäuben und auf einer sauberen Arbeitsfläche mit einem Nudelholz zu einem 5 mm–1 cm dicken Kreis mit 7 cm Durchmesser ausrollen.

6 In die Mitte des Teigkreises 1 gehäuften Esslöffel der Füllung geben und die Kanten so zusammenfalten, dass ein rundes Päckchen entsteht. Andrücken, um es zu verschließen, und mit dem restlichen Teig und der Füllung ebenso verfahren.

7 In einem großen Topf Wasser bei hoher Temperatur zum Kochen bringen. Die Schnittknoblauch-Küchlein in das untere Fach eines großen Bambusdampfkorbs legen, das mit Backpapier oder Dim-Sum-Papier ausgekleidet wurde, dabei darauf achten, dass die Küchlein sich nicht berühren. Zunächst 5 Minuten dämpfen, dann die Oberseite jedes Küchleins mit etwas Pflanzenöl bestreichen. Die Chili und den Knoblauch in den Dip rühren und diesen zu den warmen Schnittknoblauch-Küchlein servieren.

Khai toon

Gedämpfte Eiercreme

In Thailand ist *khai toon* wahrscheinlich eines der gängigsten Gerichte für ein Frühstück zu Hause. Die seidig-glatte, herzhafte Eiercreme ist schnell und einfach herzustellen, zugleich ist sie sättigend und lecker. Hier werden Shiitake-Pilze und Garnelen verwendet, doch Sie können die Toppings ganz nach Ihrem Geschmack auswählen.

Für 2 Personen

7 Riesengarnelen, geschält

1 EL Schweinehack

3 Eier, verquirlt

1 EL Frühlingszwiebeln, in Ringe geschnitten

¼ TL frisch gemahlener weißer Pfeffer

1 EL Sojasauce

1 EL Austernsauce

½ EL Traubenkernöl

2 Shiitake-Pilze

1 Mit einem scharfen Messer drei Garnelen grob hacken. In einer Schüssel die gehackten Garnelen, das Schweinehack und die verquirlten Eier vermischen. Frühlingszwiebel, weißen Pfeffer, Sojasauce, Austernsauce und Öl hinzufügen und gründlich unterrühren. Die Masse auf zwei kleine Suppenschalen verteilen und mit Folie abdecken.

2 Einen großen Topf mit Wasser füllen, einen großen Bambusdampfkorb daraufsetzen und das Wasser bei mittlerer Temperatur zum Kochen bringen. Die Schalen in den Dampfkorb stellen, abdecken und die Temperatur reduzieren. Zunächst 5 Minuten dämpfen, dann die Folie entfernen und in jede Schüssel je einen Shiitake-Pilz und zwei geschälte Garnelen legen. Wieder mit der Folie verschließen und weitere 5 Minuten dämpfen, bis ein in die Mitte der Eiercreme gesteckter Spieß sauber wieder herauskommt.

3 Die Eiercreme warm in den Suppenschalen servieren.

SHIITAKE

KHANOM TUNG DTAK

Arme-Leute-Pfannkuchen

Eigentlich eines der traditionellen thailändischen Desserts, das auf Märkten und bei Tempelfesten im ganzen Land zu finden war, wird *khanom tung dtak* in jüngster Zeit seltener zubereitet. Sein Name verweist vermutlich auf die Herkunft dieses Gerichts: die »Arme-Leute-Pfannkuchen« wurden früher als preiswerter Snack bei Boxkämpfen und Pferderennen verkauft und waren auch für die erschwinglich, die ihr Geld beim Wetten verloren hatten. Ein perfekter Pfannkuchen sollte außen knusprig und innen weich sein, mit Füllungen von Vanillecreme über Koskosraspel bis zu Sesamsamen.

Für 4 Personen

130 g Reismehl

65 g Weizenmehl

1 EL Trockenhefe

50 g feiner Zucker

½ TL Backpulver

Pflanzenöl oder Butter, zum Einfetten

Kokosfüllung

1 EL helle Sesamsamen

1 EL dunkle Sesamsamen

2 EL brauner Zucker

100 g ungesüßte Kokosraspel

1 In einer großen Schüssel die Mehlsorten, die Hefe und den Zucker vermischen und eine Mulde in die Mitte drücken. In die Mulde 360 ml lauwarmes Wasser gießen und unterrühren. Mit einem Geschirrtuch abdecken und bei Raumtemperatur 30 Minuten ruhen lassen. Danach das Backpulver sorgfältig unterrühren.

2 Für die Füllung in einer kleinen Pfanne die Sesamsamen ohne Fett bei mittlerer Temperatur goldbraun rösten. In eine Schüssel geben, den braunen Zucker hinzufügen und vermischen. Beiseitestellen.

3 Eine beschichtete Pfanne mit Deckel bei mittlerer Temperatur erhitzen und mit Pflanzenöl oder Butter leicht einfetten. Ein Viertel des Pfannkuchenteigs hineinschöpfen, dann die Pfanne schwenken, damit er sich gleichmäßig verteilt. Den Deckel auflegen und 4–5 Minuten backen, dabei häufig kontrollieren, bis die Unterseite braun und knusprig ist und die Oberseite fest ist. Auf diese Weise drei weitere Pfannkuchen zubereiten.

4 Ein Viertel der Kokosraspel auf die Mitte eines Pfannkuchens geben, mit einem Viertel der Sesamfüllung bestreuen und den Pfannkuchen zum Halbkreis zusammenklappen. Auf einen Teller legen und warm halten. Mit den restlichen Zutaten ebenso verfahren und die Pfannkuchen heiß servieren.

GLUAY TOD
Frittierte Bananen

Gluay tod wird meist zum Frühstück gegessen, aber auch den ganzen Tag über sind die Bananen ein beliebter Snack in Thailand wie auch in anderen Ländern Südostasiens. Sie werden oft von Straßenverkäufern angeboten, die die Bananen (und teilweise auch anderes Obst und Gemüse wie Taro oder Kartoffeln) in süßen Teig tunken und goldbraun und knusprig frittieren. In einigen belebten Straßen in Bangkok bieten die Streetfood-Verkäufer die gebratenen Bananen in weißen Papiertüten an – schnell zu erkennen für Autofahrer beim Halt an roten Ampeln. Heiß schmecken *gluay tod* am besten, wenn der Teig knusprig ist und die Banane weich und klebrig.

Ergibt 15 Stück

2 EL helle Sesamsamen

70 g Reismehl

20 g Weizenmehl

50 g Palmzucker, fein gerieben

1 ½ TL feines Meersalz

125 ml Limewater (Seite 190)

70 g ungesüßte Kokosraspel

5 Baby-Bananen

250 ml Pflanzenöl, zum Frittieren

1 In einer kleinen Pfanne die Sesamsamen ohne Fett bei mittlerer Temperatur goldbraun rösten. In eine Schüssel geben und beiseitestellen.

2 In einer großen Schüssel die Mehlsorten, den Palmzucker und das Salz vermischen. Das Limewater sorgfältig unterrühren, sodass keine Klümpchen mehr enthalten sind, dann die Kokosraspel und die gerösteten Sesamsamen untermischen.

3 Die Bananen schälen und längs dritteln.

4 In einem Wok oder einem Topf mit schwerem Boden das Öl bei mittlerer Temperatur erhitzen, bis ein in das Öl geworfener Brotwürfel in 30 Sekunden bräunt – auf etwa 190 °C. Portionsweise die Bananenstücke in den Teig tunken und goldbraun frittieren. Die gebratenen Bananen mithilfe eines Schaumlöffels aus dem Öl heben und auf Küchenpapier abtropfen lassen. Warm servieren.

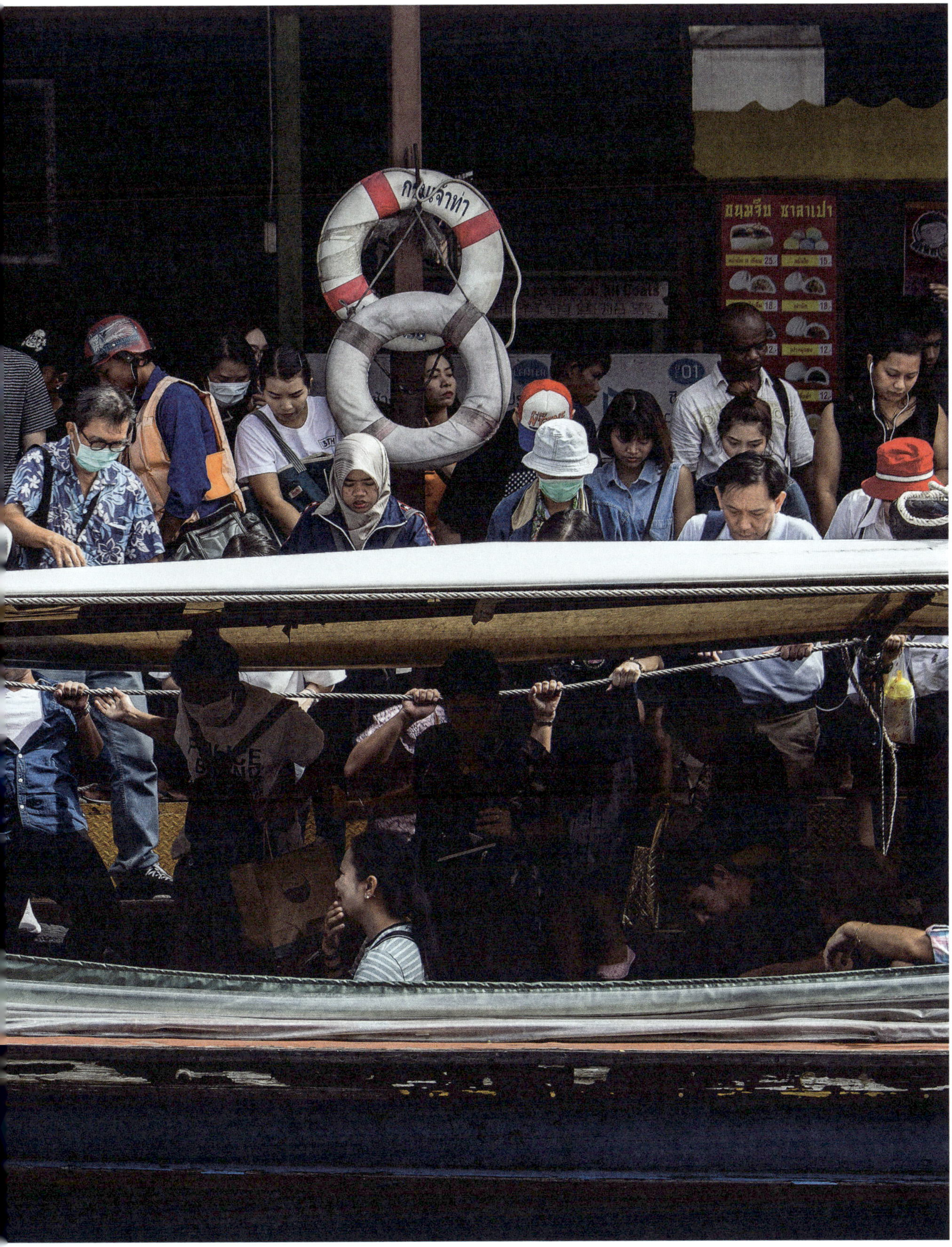

sangkaya fak tong

Kürbis-Kokos-Pudding

Auf Thai bedeutet *sangkaya* »Kokospudding«, während *fak tong* »Kürbis« bezeichnet. Aus beiden zusammen wird ein köstliches Dessert mit hohem Vitamingehalt und vielen Ballaststoffen. Die Kokosfüllung wird in einem ganzen Kürbis gedämpft, was für einen schönen Kontrast zwischen cremiger und fester Textur sorgt. *Sangkaya fak tong* ist auf vielen Märkten in Bangkok erhältlich; wir mögen den Pudding vom Aor-Tor-Kor-Markt am liebsten. Er ist auch leicht zu Hause zuzubereiten, aber verwenden Sie unbedingt Enteneier für das leckerste Ergebnis.

Für 5 Personen

1 Kürbis (Gewicht 1 kg)

4 Enteneier

200 g geriebener Palmzucker oder brauner Zucker

1 TL feines Meersalz

250 ml Kokoscreme

35 g Reismehl

3 Pandanblätter

1 Den Kürbis sorgfältig waschen. Mit einem scharfen Messer vorsichtig den Stielansatz herausschneiden und beiseitelegen. Die Samen und alles faserige Fruchtfleisch aus dem Kürbisinneren herausschaben. Beiseitestellen.

2 In einer großen Schüssel die Eier, den Palmzucker und das Salz cremig aufschlagen. Die Kokoscreme und das Reismehl hinzufügen und kräftig unterrühren, damit keine Klümpchen bleiben, anschließend die Pandanblätter dazugeben. Die Pandanblätter etwas auspressen, das lässt ihren Geschmack stärker hervorkommen.

3 Die Eiermasse durch ein Sieb in eine große hitzebeständige Schüssel füllen. Die Pandanblätter aus dem Sieb nehmen und zurück in die Eiermasse geben, eventuelle Reste im Sieb entsorgen.

4 In einem Topf Wasser bei mittlerer Temperatur zum Kochen bringen. Die Schüssel mit der Eiermasse auf den Topf setzen, dabei darf ihr Boden keinen Kontakt zum Wasser haben. Während des Garens stetig umrühren, bis die

Eiermasse etwas andickt oder 70 °C auf dem Zuckerthermometer erreicht. Die Pandanblätter herausnehmen und entsorgen.

5 Die Eiermasse in den Kürbis bis kurz unter den Rand der Öffnung füllen, dann den Kürbisdeckel auflegen.

6 Einen großen Topf mit Wasser füllen und einen Bambusdampfkorb daraufsetzen, in den der Kürbis passt, und das Wasser bei mittlerer Temperatur zum Kochen bringen. Den Kürbis in den Dampfkorb setzen und 45 Minuten garen, bis der Kürbis gar ist und die Eiermasse gestockt. Vom Herd nehmen und auf Raumtemperatur abkühlen lassen, dann in den Kühlschrank stellen oder sofort servieren.

7 Zum Servieren den Kürbis vierteln oder in schmale Spalten schneiden. *Sangkaya fak tong* wird in der Regel bei Raumtemperatur gegessen, Sie können den Kürbis aber auch gekühlt servieren.

Khanom tua paep

Süße Mungbohnen-Dumplings

Diese Thai-Süßigkeit wird für besondere Anlässe und religiöse Zeremonien zubereitet, *khanom tua paep* gibt es aber auch zum Frühstück oder als Vormittagssnack. Die Hülle für die Dumplings wird aus Klebreismehl hergestellt, was dem Gericht eine weiche, zähe Textur gibt. Wie die Arme-Leute-Pfannkuchen (Seite 40) werden die Dumplings immer seltener zubereitet, doch auf den lokalen Märkten kann man sie noch finden.

Für 2 Personen

50 g gelbe Mungbohnen, über Nacht eingeweicht und abgegossen

50 g frische oder getrocknete ungesüßte Kokosraspel

2 EL helle Sesamsamen

3 EL feiner Zucker

¼ TL feines Meersalz

Teig

65 g weißes Klebreismehl

32 g schwarzes Klebreismehl

125 ml Aromatisiertes Wasser (Seite 190)

1 Einen Topf mit Wasser füllen, einen Bambusdampfkorb daraufsetzen und das Wasser bei mittlerer Temperatur zum Kochen bringen. Die Mungbohnen in den Dampfkorb geben und 40 Minuten dämpfen, dann die Kokosraspel in einem separaten Dampfeinsatz hinzufügen und weitere 5 Minuten dämpfen. Vom Herd nehmen, die Mungbohnen und die Kokosraspel in getrennte Schüsseln umfüllen, beiseitestellen und abkühlen lassen.

2 In einer kleinen Pfanne die Sesamsamen ohne Fett bei mittlerer Temperatur goldbraun rösten. In eine kleine Schale füllen und mit dem Zucker und dem Salz vermischen. Beiseitestellen.

3 Für den Teig die Mehlsorten in eine Schüssel sieben und vermischen. Mit dem Aromatisierten Wasser beträufeln und das Ganze zu einem weichen, glatten Teig verkneten. Kleine Stücke vom Teig abnehmen und zu Kugeln mit etwa 2 cm Durchmesser formen.

4 Auf einer sauberen Arbeitsfläche die Teigkugeln zu Kreisen mit 4 cm Durchmesser und 5 mm Dicke ausrollen. In die Mitte von jedem Teigkreis 2 Teelöffel Mungbohnen setzen und den Teig über die Füllung zu einem ovalen Päckchen einschlagen, dabei die Kanten andrücken, um sie zu verschließen. Auf einem Teller oder einem Blech beiseitestellen und mit dem restlichen Teig und der Füllung ebenso verfahren.

5 Eine große Schüssel mit Wasser füllen und in einem großen Topf Wasser bei mittlerer Temperatur zum Kochen bringen. Vorsichtig die Dumplings in das kochende Wasser geben und 5 Minuten garen, bis sie an die Oberfläche steigen. Mithilfe eines Schaumlöffels die fertigen Dumplings aus dem Topf nehmen und in die mit Wasser gefüllte Schüssel legen, damit sie nicht zusammenkleben.

6 Zum Servieren die Dumplings mit der Sesamsamen-Mischung und den Kokosraspeln bestreuen.

KHANOM KROK
Cupcakes mit Kokoscreme

Dieses alte Thai-Dessert ist auch heute noch auf den Straßen Bangkoks zu finden. Die schon seit den Zeiten des Ayutthaya-Königreichs (1351–1767) beliebte Nachspeise wird mit überraschenden Zutaten wie Schnittknoblauch, Mais und Taro getoppt. Am besten schmecken die Cupcakes warm, wenn der Boden noch knusprig ist und das Innere cremig-weich. *Khanom krok* wird auf dem Herd in einer speziellen Pfanne mit Vertiefungen zubereitet, ähnlich der dänischen Pfannen für Aebelskiver, der niederländischen für Poffertje oder der japanischen Takoyaki-Pfannen. Wenn Sie keine Spezialpfanne für *khanom krok* (oder eine ihrer Verwandten) bekommen, können auch einfach kleine Edelstahlformen in eine Pfanne gestellt werden.

Für 5 Personen

200 g Reismehl

50 g weißes Klebreismehl

1 TL feines Meersalz

1 EL feiner Zucker

360 ml Kokoscreme

3 EL Pflanzenöl, zum Einfetten

3 Frühlingszwiebeln oder 1 kleines Bund Schnittknoblauch, fein gehackt, zum Servieren

Füllung

1 EL Reismehl

1 TL Salz

65 g feiner Zucker

360 ml Kokoscreme

1 In einer großen Schüssel die beiden Reismehlsorten, Salz und Zucker vermischen. Langsam die Kokoscreme unter die trockenen Zutaten mischen, anschließend 360 ml heißes Wasser mit einem Schneebesen unterrühren, bis ein glatter Teig entsteht. Beiseitestellen.

2 Für die Füllung in einer Schüssel das Reismehl, das Salz und den Zucker vermischen, dann die Kokoscreme unterrühren, bis sich der Zucker aufgelöst hat. Beiseitestellen.

3 Eine Pfanne für *khanom krok* mit dem Pflanzenöl einfetten und bei mittlerer Temperatur erhitzen, bis ein paar probeweise hineingegebene Tropfen Teig darin sofort zischen. Den Teig gründlich umrühren und die Vertiefungen der Pfanne damit zu jeweils zwei Drittel füllen. Die Füllung gründlich umrühren, dann auf dem Teig verteilen, sodass jede Vertiefung gefüllt ist. Die Pfanne mit einem Deckel verschließen und das Ganze 5 Minuten backen. Die *khanom krok* mithilfe eines Löffels aus den Vertiefungen nehmen und auf eine Platte setzen.

4 Die *khanom krok* mit Frühlingszwiebeln oder Schnittknoblauch bestreuen und warm servieren.

MITT

TAGS

MITTAGS

Wenn die Mittagszeit näherrückt, tauchen auf Bangkoks Straßen noch mehr Streetfood-Händler auf, mit einem etwas anderen Angebot als zum Frühstück – zum Lunch gibt es Currys und andere scharf gewürzte Gerichte. Die Menschen nehmen sich etwas Zeit, um ihr Essen zu genießen, und sitzen gerne mit Freunden und Kollegen zusammen, allerdings werden mittags trotzdem eher einzelne Speisen bestellt als viele kleine Gerichte zum Teilen, denn auch in der Mittagspause darf die Zeit nicht vergessen werden. Als *ahan tam sang* (»Essen auf Bestellung«) bezeichnete Stände tauchen an jeder Ecke der Stadt auf; ihre Betreiber haben die fast magische Fähigkeit, jedes nur denkbare bekannte Thai-Gericht zu zaubern, von Suppen und Nudeln über Currys bis zu Wok-Gerichten. Das Angebot bei den *ahan tam sang* variiert von Stand zu Stand, und nur die Einheimischen wissen, was wo zu finden ist.

Die Menschen lieben es zu essen; auf das Mittagessen folgen immer noch Snacks und frisches Obst, während jüngere Leute ihre Lieblingscafés aufsuchen, um Kaffee oder Tee zu trinken. Beim Bummeln durch die Straßen werden Sie auch viele Verkäufer von frischem Obst entdecken, die ihre vollgepackten Karren vor sich herschieben. Solche Obststände findet man überall in Bangkok, mit tropischen

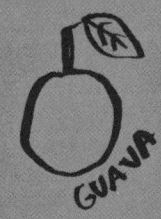

Früchten wie Mango, Ananas und Guaven sowie Salz und Chili zum Dippen, sie sind die erste Wahl der Einheimischen für gesunde Naschereien.

In Bangkoks kulinarischem Schmelztiegel gibt es Snacks in zahllosen weiteren Varianten, ob als traditionelles Thai-Dessert oder als eher europäisches Gebäck. *Roti* gehört zu den beliebtesten – in Thailand gibt es das ursprünglich aus Indien stammende Fladenbrot mit Toppings wie Bananen und gesüßter Kondensmilch. Französische Törtchen und Kuchen findet man ebenfalls recht häufig, vor allem in Einkaufszentren mit Franchise-Cafés und -Bäckereien. Junge Thailänder bevorzugen oft solche Süßspeisen gegenüber den Thai-Desserts, deshalb ist es wenig überraschend (wenn auch zu bedauern!), dass es leichter ist, Croissants oder Muffins zu finden, als traditionelle Desserts. Auf den Märkten der Stadt werden Sie noch lokale Spezialitäten entdecken, beispielsweise *foi tong*, ein Dessert aus Eigelb, oder *khanom mor gaeng*, ein Pudding, der aus Taro oder Mungbohnen zubereitet wird.

Mittags Bangkok zu erkunden ist ein Fest für jeden Liebhaber guten Essens – denn ganz offensichtlich bietet das kulinarische Angebot der Stadt für jeden Geschmack etwas.

KHAO PAD SAPPAROD

Gebratener Reis mit Ananas

Khao pad, gebratener Reis, ist das vielseitigste Gericht der Thai-Küche, denn die Köche können die Zutaten problemlos austauschen, je nachdem, was gerade vorhanden ist. Wie Eiernudeln und Hähnchencurry (Seite 88) und Knuspriges Austern-Omelett (Seite 126) stammt auch *khao pad* ursprünglich aus China und wurde im 19. Jahrhundert beliebt, als Straßenhändler das Gericht häufig anboten. Die wichtigsten Faktoren für das Gelingen dieses Gerichts sind der Reis und der Wok. Der Reis muss trocken sein und Raumtemperatur haben, und ein sehr heißer Wok sorgt dafür, dass die Hitze gleichmäßig verteilt ist und der Reis sein Röstaroma entwickelt.

Für 2 Personen

80 ml Pflanzenöl

2 Knoblauchzehen, fein gehackt

500 g Riesengarnelen, geschält und vom Darm befreit

1 rote Thai-Schalotte, gewürfelt

400 g gedämpfter Jasmin-Reis, abgekühlt (vorzugsweise vom Vortag)

1 EL Sojasauce

1 EL Austernsauce

1 EL Fischsauce

1 TL feiner Zucker

170 g frische Ananas, in 2 cm große Würfel geschnitten

1 Frühlingszwiebel, in feine Ringe geschnitten

60 g geröstete Cashewkerne

1 EL Korianderblättchen

2 Limettenspalten

1 In einem Wok das Öl bei mittlerer Temperatur erhitzen und den Knoblauch darin anschwitzen. Die Temperatur erhöhen, die Garnelen und die Schalotte in den Wok geben und braten, bis die Garnelen gar sind.

2 Den Reis in den Wok geben und 1–2 Minuten schwenken, sodass er mit Öl überzogen ist. Mit Sojasauce, Austernsauce, Fischsauce und Zucker würzen und weitere 2–3 Minuten pfannenrühren. Dann Ananas, Frühlingszwiebel und Cashewkerne hinzufügen und weitere 1–2 Minuten pfannenrühren. Vom Herd nehmen und in eine Schüssel umfüllen oder in eine ausgehöhlte Ananashälfte.

3 Zum Servieren das *khao pad sapparod* mit den Korianderblättchen bestreuen und mit den Limettenspalten anrichten.

KHAO PAD PU

Gebratener Reis mit Krebsfleisch

Dieses bei thailändischen Kindern sehr beliebte Gericht wird gerne für die Kleinen bestellt, wenn die ganze Familie zum Essen ausgeht. Das zarte Krebsfleisch macht *khao pad pu* zu etwas Besonderem, doch das Gericht ist leicht zuzubereiten und passt als köstliches Mittagessen oder zu jedem anderen Anlass.

Für 2 Personen

80 ml Pflanzenöl

2 Knoblauchzehen, fein gehackt

1 Ei

400 g gedämpfter Jasmin-Reis, abgekühlt (vorzugsweise vom Vortag)

1 EL Sojasauce

1 EL Austernsauce

1 EL Fischsauce

1 TL feiner Zucker

½ TL frisch gemahlener weißer Pfeffer

2 Frühlingszwiebeln, in feine Ringe geschnitten

200 g gegartes Krebsfleisch

1 EL gehacktes Koriandergrün

1 In einem Wok das Öl bei hoher Temperatur erhitzen und den Knoblauch darin anschwitzen, bis er leicht zu bräunen beginnt.

2 Das Ei in das Öl schlagen und etwas fest werden lassen, bevor es verrührt wird. Den Reis hinzufügen, die Temperatur auf mittlere Stufe herunterstellen und das Ganze 1–2 Minuten pfannenrühren, bis der Reis mit Öl überzogen und das Ei gleichmäßig verteilt ist. Mit Sojasauce, Austernsauce, Fischsauce, Zucker und weißem Pfeffer würzen, dann die Frühlingszwiebel unterrühren.

3 Den Großteil des Krebsfleischs unterrühren. Vom Herd nehmen und in eine Schüssel umfüllen.

4 Zum Servieren das *khao pad pu* mit dem Koriandergrün und dem restlichen Krebsfleisch anrichten.

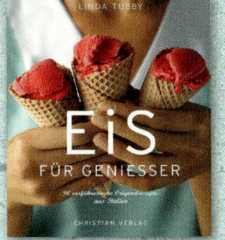

Von Profis für Feinschmecker

Weihnachtsduft liegt in der Luft!

Für M

Benjamin Perry sammelt die besten Rezepte seiner Heimat. Tradition trifft Moderne.

224 Seiten, ca. 120 Fotos
ISBN 978-3-95961-360-6
€ (D) 29,99

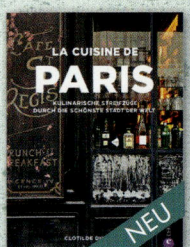

Erleben Sie Paris: die Stadt der Liebe – und der Kulinarik. Mit 100 Rezepten.

256 Seiten, ca. 114 Fotos
ISBN 978-3-95961-273-9
€ (D) 29,99

Ein junger französischer Koch entdeckt Frankreichs Küchenschätze.

256 Seiten, ca. 300 Fotos
ISBN 978-3-95961-358-3
€ (D) 39,99

BESTSELLER

New York war gestern – jetzt kommt »Hygge«

Mit dem ersten Weihnachtsbuch zum Trendthema Hygge, holen Sie sich die besten Rezepte und schönsten Traditionen für ein »hyggeliges« Weihnachtsfest nach Hause.

160 Seiten, ca. 120 Fotos
ISBN 978-3-95961-258-6
€ (D) 24,99

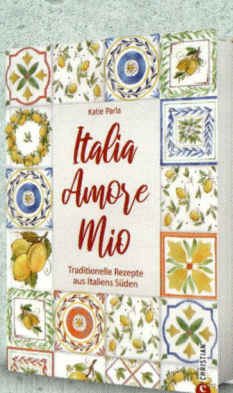

Paccheri alla Cilentana

Casatiello

Eine Liebeserklärung an Süditalien

Dieses Buch zaubert das kulturelle Erbe Italiens auf den Teller und beweist, dass Liebe und Essen in Italien ein und dasselbe sind!

NEU

256 Seiten, ca. 120 Fotos
ISBN 978-3-95961-366-8
€ (D) 29,99

NEU

Merry Christmas the English Way

Die Weihnachtszeit genießen wie die Engländer – dieses edle Buch von Tom Parker Bowles und des Kultkaufhauses Fortnum & Mason macht es möglich.

304 Seiten, ca. 150 Fotos
ISBN 978-3-95961-359-0
€ (D) 39,99

BESTSELLER

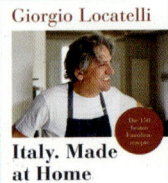

Made with Love – made for Family! Locatelli ist zurück mit 200 neuen Rezepten.

320 Seiten, ca. 120 Fotos
ISBN 978-3-95961-246-3
€ (D) 29,99

Eine kulinarische Entdekkungsreise mit vielen Inselrezepten zum Nachkochen.

320 Seiten, ca. 140 Fotos
ISBN 978-3-95961-290-6
€ (D) 39,99

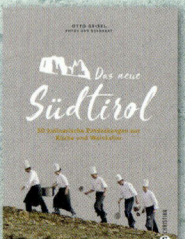

Ein Genussführer zu den Neuentdeckungen der Südtiroler Kulinarikszene.

224 Seiten, ca. 120 Fotos
ISBN 978-3-95961-183-1
€ (D) 29,99

Das Brotbackbuch für Grundlagen und Rezepte zum selber Backen.

400 Seiten, ca. 350 Fotos
ISBN 978-3-86244-814-2
€ (D) 39,99

50 Rezepte von herzhaftem Roggenbrot über Bagels bis zu lockerduftigen Brioches.

160 Seiten, ca. 200 Fotos
ISBN 978-3-88472-711-9
€ (D) 24,95

Die ganze Welt des in einem Buch! 100 rende Rezepte!

304 Seiten, ca. 190
ISBN 978-3-95961-
€ (D) 34,99

Moo pad qing

Schweinefleisch mit Ingwer aus dem Wok

Moo pad qing zählt zu den Wohlfühlessen in so gut wie jeder thailändischen Familie und kann auch in den Garküchen überall in Bangkok gekauft werden. Das Gericht kommt mit wenigen Zutaten aus (für Thai-Food zumindest), duftet überaus köstlich und schmeckt am besten mit gedämpftem Reis. Weil Ingwer hier die Hauptrolle spielt, ist es wichtig, den frischeren und milderen jungen Ingwer zu verwenden.

Für 2 Personen

80 ml Pflanzenöl

3 Knoblauchzehen, grob gehackt

1 x 8 cm großes Stück junger Ingwer, in dünne Streifen geschnitten

2 rote Chilis, in feine Ringe geschnitten

400 g Schweinekotelett (ausgelöst), in 7 mm dicke Scheiben geschnitten

1 EL Sojasauce

1 EL Fischsauce

2 EL Austernsauce

1 TL feiner Zucker

100 g Judasohr-Pilze (siehe Glossar)

1 TL frisch gemahlener weißer Pfeffer

1 Frühlingszwiebel, in 3 cm lange Stücke geschnitten

gedämpfter Jasmin-Reis, zum Servieren

1 In einem Wok das Öl bei mittlerer Temperatur erhitzen und den Knoblauch, den Ingwer und die Chilis darin anschwitzen, bis sie duften. Das Schweinefleisch hinzufügen und 4–5 Minuten pfannenrühren, bis es fast gar ist. Mit Sojasauce, Fischsauce, Austernsauce und Zucker würzen, dann die Judasohr-Pilze unterrühren. Zuletzt den gemahlenen weißen Pfeffer und die Frühlingszwiebel hinzufügen und 30 Sekunden garen.

2 Mit gedämpftem Jasmin-Reis servieren.

PLA MEUK GOONG GRATIEM PRIK THAI

Baby-Oktopus und Garnelen aus dem Wok mit Knoblauch und schwarzem Pfeffer

Pad gratiem prik thai ist außerhalb Thailands wenig bekannt, doch für die Einwohner Bangkoks zählt es zu den Grundnahrungsmitteln. Das Gericht wird meist mit Reis gegessen und schmeckt dank dem gebratenen Knoblauch und dem Pfeffer sehr aromatisch und würzig. Dieses Rezept enthält Oktopus und Garnelen, doch auch andere Proteinlieferanten wie Hähnchen, Rindfleisch oder Schweinefleisch passen gut.

Mittag

62

Für 2 Personen

100 ml Pflanzenöl

6 Knoblauchzehen, grob gehackt

2 Korianderwurzeln, sauber abgebürstet und in dünne Scheiben geschnitten

400 g Riesengarnelen, geschält und vom Darm befreit

100 g Baby-Oktopus, gesäubert und in 1 cm dicke Scheiben geschnitten

1 EL Sojasauce

1 EL Austernsauce

1 Msp. feines Meersalz

1 EL frisch gemahlener schwarzer Pfeffer

gedämpfter Jasmin-Reis, zum Servieren

1 In einem Wok das Öl bei hoher Temperatur erhitzen und die Hälfte des Knoblauchs darin goldbraun braten. Mithilfe eines Schaumlöffels den Knoblauch aus dem Öl nehmen und auf Küchenpapier abtropfen lassen.

2 Im verbliebenen Öl die Korianderwurzeln und den restlichen Knoblauch anschwitzen, bis sie duften. Die Garnelen und den Oktopus hinzufügen und pfannenrühren, bis sie ihre Farbe verändern.

3 Die Sojasauce, die Austernsauce und das Salz unterrühren. Pfannenrühren, bis die Meeresfrüchte gar sind, dann mit dem schwarzen Pfeffer würzen. Vom Herd nehmen, mit dem gebratenen Knoblauch bestreuen und warm mit gedämpftem Jasmin-Reis servieren.

GOONG PAD PAK GAD KAO

Pak Choi und Garnelen aus dem Wok

Dieses Gericht, ein weiteres gut gehütetes Geheimnis der Thai-Küche, wird von Hobby-köchen und Garküchen geliebt, außerhalb Thailands dagegen eher unterschätzt. Das Rezept ist einfach: Kohl und Garnelen werden im Wok gegart und in Fischsauce karamellisiert, was für Süße und Umami-Geschmack sorgt.

Für 4 Personen

Pflanzenöl, zum Braten

50 g getrocknete, gesalzene Makrele (siehe Glossar)

5 Knoblauchzehen, fein gehackt

500 g Riesengarnelen, geschält und vom Darm befreit

300 g Pak Choi, in 6 cm große Stücke geschnitten

1 EL Fischsauce

1 EL Sojasauce

1 TL Austernsauce

gedämpfter Jasmin-Reis, zum Servieren

1 Einen Wok bei mittlerer Temperatur erhitzen und so viel Öl hineingießen, dass die getrocknete, gesalzene Makrele zur Hälfte bedeckt ist. Auf etwa 150 °C erhitzen, sodass ein Brotwürfel darin in 45 Sekunden bräunt. Die Makrele im Öl 3–5 Minuten auf jeder Seite goldbraun braten. Mithilfe eines Schaumlöffels herausnehmen und auf Küchenpapier abtropfen lassen. Die abgekühlte Makrele in kleine Stückchen zerteilen und beiseitestellen. 60 ml des Öls aufbewahren.

2 Das aufbewahrte Öl erneut erhitzen und den Knoblauch darin anschwitzen, bis er duftet. Die Garnelen hinzufügen und braten, bis sie die Farbe verändern. Den Kohl und die Makrele in den Wok geben und pfannenrühren, bis der Pak Choi etwas weicher wird, aber noch Biss hat.

3 Dann Fischsauce, Sojasauce und Austernsauce unterrühren. Zum Ablöschen 2 Esslöffel Wasser hinzufügen, dann den Wok vom Herd nehmen.

4 Warm mit gedämpftem Jasmin-Reis servieren.

PAD KANA MOO GROB

Chinesischer Brokkoli mit knusprigem Schweinefleisch

Pad kana moo grob ist einer der Dauerbrenner in Restaurants und Garküchen und wird ebenso häufig zu Hause zubereitet. In diesem einfachen Gericht wird knuspriger Schweinebauch von dem frischen Grün des Chinesischen Brokkoli (*gai lan*) begleitet und schmeckt am besten mit Jasmin-Reis und einem knusprigen Omelett als Beilage.

Für dieses Gericht müssen Sie am Vortag mit der Zubereitung beginnen.

Für 2 Personen

400 g Schweinebauch

1 EL feines Meersalz

80 ml Pflanzenöl

4 Knoblauchzehen, grob gehackt

3 rote Bird's-Eye-Chilis, in Ringe geschnitten

2 Bund Chinesischer Brokkoli (*gai lan*), diagonal in dünne Scheiben geschnitten

100 g Shiitake-Pilze, in 5 mm dünne Scheiben geschnitten

1 EL Austernsauce

1 EL Sojasauce

1½ EL Fischsauce

1 TL gemahlener weißer Pfeffer

gedämpfter Jasmin-Reis, zum Servieren

Knuspriges Omelett (Seite 195), zum Servieren (nach Belieben)

1 Das Schweinefleisch 1 oder 2 Tage im Voraus zubereiten. Mit einem scharfen Messer die Schwarte vorsichtig im Abstand von je 5 mm einritzen, ohne in das Fleisch zu schneiden. Das Schweinefleisch auf einem Stück Alufolie platzieren und diese um das Fleisch zusammenfalten, dabei die Schwarte freilassen. Das Fleisch im Kühlschrank 1–2 Tage ruhen lassen.

2 Am Tag des Servierens den Backofen auf 220 °C vorheizen. Das Schweinefleisch in der Folie auf ein Backblech setzen, die Schwarte mit dem Salz bestreuen und 25–30 Minuten im Backofen rösten, bis die Schwarte knusprig und goldbraun ist und das Fleisch gar. Aus dem Backofen nehmen und unbedeckt mindestens 15 Minuten ruhen lassen.

3 Inzwischen in einem Wok das Öl bei hoher Temperatur erhitzen und darin den Knoblauch und die Chilis anschwitzen, bis sie duften. Den Chinesischen Brokkoli und die Shiitake-Pilze hinzufügen und 2 Minuten pfannenrühren. Mit der Austernsauce, der Sojasauce und der Fischsauce würzen und weitere 2–3 Minuten pfannenrühren. Den weißen Pfeffer unterrühren und den Wok vom Herd nehmen.

4 Den Brokkoli auf eine Platte geben. Den Schweinebauch in Scheiben schneiden und auf dem Brokkoli anrichten. Mit gedämpftem Jasmin-Reis und nach Belieben einem knusprigen Omelett servieren.

Pad kaphrao gai khai dao

Basilikum-Hähnchen mit Spiegelei

Kaphrao, Indisches Basilikum, ist eines der gebräuchlichsten Kräuter der Thai-Küche. *Pad kaphrao* – Basilikum aus dem Wok – und *khai dao*, Spiegeleier auf Reis, zählt zu den beliebtesten schnellen Mittagsmahlzeiten oder Abendessen in Thailand und wird gern an den Streetfood-Ständen bestellt. In Thailand gibt es zwei Sorten Indisches Basilikum: rotes und weißes. Die rote, wild wachsende Sorte hat violette Stängel und ein recht beißendes Aroma. Die weiße Sorte wird für den Verkauf angebaut, hat grüne Stängel und ein weniger intensives Aroma. Es ist wichtig, zwischen den drei in der Thai-Küche verwendeten Basilikumsorten zu unterscheiden: Indisches Basilikum (*kaphrao*), Thai-Basilikum (*horapha*) und Zitronen-Basilikum (*maenglak*). Jede der drei Sorten hat ihren ganz eigenen Geschmack, daher können sie untereinander nicht ausgetauscht werden.

Für 2 Personen

7 Knoblauchzehen

5 Bird's-Eye-Chilis

100 ml Pflanzenöl

2 Eier

400 g Hähnchen-Hackfleisch

2 EL Fischsauce

1 EL Austernsauce

1 EL Sojasauce

1 TL feiner Zucker

1 lange rote Chili, in Ringe geschnitten

25 g Indisches Basilikum (siehe Glossar)

gedämpfter Jasmin-Reis, zum Servieren

Dip

2 rote und grüne Bird's-Eye-Chilis, in sehr feine Ringe geschnitten

2 EL Fischsauce

1 In einem Mörser die Knoblauchzehen zu einer groben Paste zerstoßen, dann die Chilis hinzufügen und etwas zerstoßen. Wenn das Gericht sehr scharf werden soll, die Chilis zu einer groben Paste zermahlen. Beiseitestellen.

2 In einem Wok das Öl bei mittlerer Temperatur erhitzen, bis es zu rauchen beginnt. Die Eier im Öl knusprig braten, dann mithilfe eines Schaumlöffels aus dem Wok nehmen und auf Küchenpapier abtropfen lassen.

3 Die Temperatur erhöhen. In dem verbliebenen Öl die Knoblauch-Chili-Mischung anschwitzen, bis sie duftet. Das Hähnchen-Hackfleisch hinzufügen und pfannenrühren, bis das Fleisch zerbröselt, gebräunt und gar ist. Die Fischsauce seitlich in den Wok gießen, sodass sie neben das Fleisch fließt, und ohne umzurühren 1 Minute garen.

4 Anschließend Austernsauce, Sojasauce, Zucker und die lange Chili hinzufügen und unterrühren. Zum Ablöschen 75 ml Wasser in den Wok geben, gefolgt vom Indischen Basilikum. Pfannenrühren, bis die Basilikumblättchen etwas zusammenfallen, und vom Herd nehmen.

5 Für den Dip die Chiliringe und die Fischsauce vermischen.

6 Das *pad kaphrao* warm mit gedämpftem Jasmin-Reis, den Spiegeleiern und dem Dip servieren.

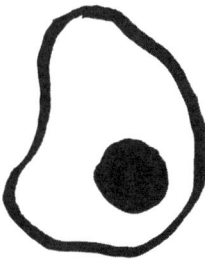

KHAO KLUK GAPI

Mit Garnelenpaste gewürzter Reis

Einst sollen Reis und *gapi* (fermentierte Garnelenpaste) für die königliche Familie auch auf Reisen unentbehrlich gewesen sein. *Khao kluk gapi* ist ein traditionelles Gericht aus diesen beiden Zutaten und wird in Thailand überaus geschätzt – so sehr, dass einige Rezepte aus der Küche der königlichen Familie der Öffentlichkeit zur Verfügung gestellt wurden.

Für 2–3 Personen

2 chinesische Würstchen (*lap cheong*), in 5 mm dünne Scheiben geschnitten

170 ml Pflanzenöl

50 g getrocknete Shrimps (siehe Glossar), 15 Minuten in warmem Wasser eingeweicht und abgegossen

3 Eier, verquirlt

5 Knoblauchzehen, fein gehackt

1 EL *gapi* (fermentierte Garnelenpaste)

60 ml Schweinebrühe (Seite 192) oder Wasser

500 g gedämpfter Jasmin-Reis, abgekühlt

Glasiertes Schweinefleisch

80 ml Pflanzenöl

12 kleine rote Thai-Schalotten, in feine Ringe geschnitten

400 g Schweinebauch, in 1 cm große Würfel geschnitten

2 EL Sojasauce

2 EL Austernsauce

2 EL dunkle Sojasauce

200 g Palmzucker, gerieben

Zum Servieren

1 saure grüne Mango, das Fruchtfleisch in dünne Streifen geschnitten

2 kleine rote Thai-Schalotten, in feine Ringe geschnitten

30 g Schlangenbohnen, in dünne Streifen geschnitten

2–3 Limettenspalten

5 rote und grüne Bird's-Eye-Chilis, grob gehackt

1 Für das glasierte Schweinefleisch in einem Wok das Öl bei mittlerer Temperatur erhitzen und die Schalotten darin anschwitzen. Das Schweinefleisch hinzufügen und 6–7 Minuten pfannenrühren, dann die restlichen Zutaten unterrühren. Dann in den Wok 125 ml Wasser geben, die Temperatur reduzieren und weitere 5–10 Minuten garen, bis die Flüssigkeit verdampft ist und die Mischung im Wok klebrig und glänzend wird. Vom Herd nehmen und beiseitestellen.

2 In einem kleinen Topf bei hoher Temperatur Wasser zum Kochen bringen und die chinesischen Würstchen darin 2 Minuten blanchieren. Vom Herd nehmen, abgießen und mit Küchenpapier trocken tupfen. In einem sauberen Wok 140 ml des Öls bei mittlerer Temperatur erhitzen. Die blanchierten Würstchenscheiben darin 2–3 Minuten goldbraun braten. Mithilfe eines Schaumlöffels herausnehmen und auf Küchenpapier abtropfen lassen. In dem verbliebenen Öl die Shrimps 2–3 Minuten goldbraun braten. Mithilfe eines Schaumlöffels herausnehmen und auf Küchenpapier abtropfen lassen. Das Öl in ein Gefäß abgießen und zum Braten zurückbehalten.

3 In den Wok 1 Esslöffel des zurückbehaltenen Öls geben und erhitzen. Den Wok schwenken, damit sich das Öl gleichmäßig verteilt, dann ein Drittel der verquirlten Eier hineingießen und den Wok schwenken, um ein dünnes Omelett zu erhalten. Stocken lassen, dann vorsichtig auf eine Platte legen. Für zwei weitere Omeletts mit dem restlichen zurückbehaltenen Öl und Ei ebenso verfahren. Die Omeletts aufeinanderlegen, vierteln und in 5 mm dünne Streifen schneiden. Beiseitestellen. Eventuell übrig gebliebenes Öl entsorgen.

4 In einem sauberen Wok die restlichen 30 ml des frischen Öls bei mittlerer Temperatur erhitzen und darin den Knoblauch anschwitzen. Dann *gapi* hinzufügen, eventuelle Klümpchen zerdrücken und 2 Minuten pfannenrühren. Die Brühe hinzufügen und umrühren, bis das *gapi* sich aufgelöst hat, dann den Reis hinzufügen und die Temperatur reduzieren. Gründlich umrühren, damit sich das *gapi* gleichmäßig im Reis verteilt. Wenn der Reis sich rot gefärbt hat und heiß ist, vom Herd nehmen.

5 Zum Servieren eine kleine Suppenschale bis zum Rand mit dem Reis füllen und eine Servierplatte daraufsetzen. Platte und Schale auf den Kopf stellen, dann die Schale entfernen, sodass sich in der Mitte der Platte ein Reishügel befindet. Rundherum Omelettstreifen, knusprige Shrimps, Würstchenscheiben, glasiertes Schweinefleisch, saure Mango, Schalottenringe, Schlangenbohnen und Limettenspalten anrichten. Den Reis mit den gehackten Chilis bestreuen und servieren.

ROYAL FOOD

PAD PAK BUNG

Wasserspinat aus dem Wok

Pak bung, auch als Wasserspinat oder Morning Glory bekannt, ist ein grünes Blattgemüse, das vor allem in Thailand, Vietnam, Kambodscha und Malaysia angebaut wird und großzügige Verwendung in Thai-Suppen, Currys, Wok-Gerichten und Beilagen findet. Das asiatische Gemüse hat lange, herzförmige Blätter und hohle Stängel mit köstlichem Biss. Am häufigsten wird *pak bung* für das Gericht *pad pak bung* verwendet, auf das ganze Garküchen in Bangkok spezialisiert sind. Für *pad pak bung* muss das Gemüse bei sehr hoher Temperatur im Wok gegart werden, wobei die hohe Flamme, die um den Wok züngelt, wenn die Zutaten in das heiße Öl gegeben werden, das Highlight ist. Für die Kunden der Garküchen spielt der Showeffekt wohl eine ebenso große Rolle wie der kulinarische Genuss.

Für 2 Personen

80 ml Pflanzenöl

5 Knoblauchzehen, mit einer Messerklinge zerdrückt

4 rote Bird's-Eye-Chilis, mit einer Messerklinge zerdrückt

2 Bund Wasserspinat, in 5 cm lange Stücke geschnitten

1 EL Austernsauce

1 EL fermentierte Sojabohnenpaste (siehe Glossar)

1 EL Sojasauce

1 TL feiner Zucker

gedämpfter Jasmin-Reis, zum Servieren

1 In einem Wok das Öl bei mittlerer Temperatur erhitzen und den Knoblauch und die Chilis darin anschwitzen. Die Temperatur erhöhen, den Wasserspinat hinzufügen und 2 Minuten garen, bis er zusammenfällt. Mit Austernsauce, fermentierter Sojabohnenpaste, Sojasauce und Zucker würzen und 1 weitere Minute pfannenrühren.

2 Mit gedämpftem Jasmin-Reis servieren.

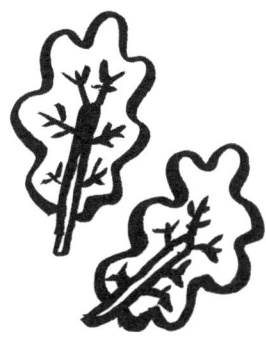

Pad see eiw moo

Schweinefleisch mit süßer Sojasauce und Reisnudeln aus dem Wok

Pad see eiw bedeutet übersetzt »mit Sojasauce pfannengerührt«, und das bringt genau auf den Punkt, was dieses überaus beliebte Nudelgericht ausmacht. Wie viele andere Gerichte Thailands ist auch *pad see eiw* von der chinesischen Küche beeinflusst und ähnelt etwa dem *char kway teow* in den Küchen von Malaysia und Singapur. Die verwendeten Nudel- und Fleischsorten können variieren, am gängigsten in Bangkoks Streetfood-Szene sind die flachen Reisnudeln und Schweinefleisch.

Für 2 Personen

300 g Schweinekotelett (ausgelöst), in dünne Scheiben geschnitten

3 EL dunkle Sojasauce

300 g frische flache Reisnudeln

100 ml Pflanzenöl

1 EL zerdrückter Knoblauch

2 Eier, verquirlt

2 EL Fischsauce

2 EL feiner Zucker

1 EL fermentierte Sojabohnenpaste (siehe Glossar)

1 Bund Chinesischer Brokkoli (*gai lan*), diagonal in Stücke geschnitten

1 Msp. frisch gemahlener weißer Pfeffer

Chiliflocken, zum Abschmecken (nach Belieben)

Marinade

1 EL gehackter Knoblauch

1 EL feiner Zucker

1 EL Tapiokamehl

½ EL Fischsauce

1 TL frisch gemahlener weißer Pfeffer

1 EL Austernsauce

1 EL Traubenkernöl

1 Zuerst das Schweinefleisch marinieren. In einer großen säureunempfindlichen Schüssel alle Zutaten für die Marinade vermischen, die Schweinefleischscheiben hineinlegen und gründlich in der Marinade wenden. Mit Frischhaltefolie abdecken und im Kühlschrank 1 Stunde marinieren.

2 In einer zweiten Schüssel die dunkle Sojasauce und die Nudeln vermischen, dabei die Nudeln voneinander trennen, so kleben sie dann später nicht aneinander. Beiseitestellen.

3 In einem Wok das Öl bei mittlerer bis hoher Temperatur erhitzen und den Knoblauch darin anschwitzen. Das marinierte Schweinefleisch hinzufügen und 2–3 Minuten pfannenrühren. Die verquirlten Eier hinzufügen und kräftig umrühren, dann an die Seite schieben und goldbraun garen.

4 Dann Nudeln, Fischsauce, Zucker und Sojabohnenpaste in den Wok geben und umrühren, bis sich alles vermischt hat, dabei darauf achten, dass die Nudeln nicht aneinanderkleben. Den Chinesischen Brokkoli hinzufügen und pfannenrühren, bis er etwas weich wird, dann die Nudeln probieren und nachwürzen, falls erforderlich. Vom Herd nehmen.

5 Die Nudeln auf zwei Teller verteilen und vor dem Servieren mit dem weißen Pfeffer und nach Belieben Chiliflocken bestreuen.

Wok-Gerichte

Ein Wok und eine Pfanne sind die beiden wichtigsten Utensilien in jeder Thai-Küche. Bei hoher Temperatur, vorzugsweise auf einer Gasflamme zubereitete Wok-Gerichte sind in Thailand weit verbreitet, eigentlich fast alle Thai-Gerichte beinhalten Pfannengerührtes. Für Currys benötigt man Currypasten, die im Wok angeröstet werden, um ihren Geschmack zu entfalten; die berühmten Nudelgerichte *pad thai* und *pad see eiw* werden in sehr heißem Öl im Wok zubereitet; und selbst *khao pad*, gebratener Reis, kommt aus dem Wok – tatsächlich bedeutet *pad* übersetzt »unter Rühren kurz anbraten«.

Chinesische Einwanderer führten die Technik des kurzen Anbratens in heißem Öl über großer Flamme in Thailand schon vor Jahrhunderten ein, und viele thailändische Wok-Gerichte sind das Ergebnis der chinesischen Einflüsse. In früheren Zeiten wurden Tontöpfe genutzt, die außerordentlich gut die Hitze speichern. Im 15. Jahrhundert kamen Woks aus Messing auf – der Handel mit Ländern wie Portugal brachte sie zur Zeit des Königreichs Ayutthaya (1351–1767) nach Siam. Aluminium und andere Metallsorten kamen erst viel später in Gebrauch. Woks aus Messing werden in Thai-Küchen auch heute noch für bestimmte Gerichte, insbesondere Desserts, genutzt, weil sie Hitze gleichmäßig verteilen und gut leiten.

Für die Wok-Gerichte empfehlen wir dringend, auch tatsächlich einen Wok zu benutzen – und daran zu denken, dass eine sehr hohe Temperatur der Schlüssel für köstliche Gerichte ist.

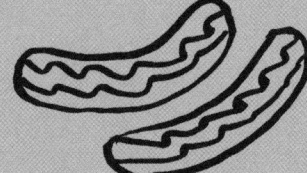

GAI YANG

Gegrilltes Hähnchen

Ursprünglich stammt *gai yang* aus Nordostthailand und kennt viele Varianten, allerdings wird es meist mit Klebreis und Papaya-Salat (Seite 99) gegessen. Es gibt einige berühmte Lokale, die sich auf klassische Grillhähnchen spezialisiert haben – wenig überraschend finden sich die meisten in der Heimat von *gai yang*, im Nordosten Thailands. Für Thailänder ist *gai yang* nur vollständig mit Dips, der beliebteste ist eine würzige Sauce aus geröstetem Reispulver und Tamarindensaft.

Für 4 Personen

1 ganzes Hähnchen (à 2 kg)

7 Korianderwurzeln, sauber abgebürstet

3 Stängel Zitronengras

10 Knoblauchzehen

1 EL ganze schwarze Pfefferkörner

2 rote Thai-Schalotten

125 ml Kondensmilch

2 EL Austernsauce

1 EL Sojasauce

1 TL feines Meersalz

2 Pandanblätter

gegarter Klebreis, zum Servieren (nach Belieben)

Papaya-Salat (Seite 99), zum Servieren (nach Belieben)

Dip

1–2 EL Fischsauce

2 EL Tamarindenkonzentrat

1 EL geriebener Palmzucker

1–2 EL Limettensaft

1 TL geröstetes Reispulver (siehe Glossar)

1 TL Chiliflocken

1 EL in feine Ringe geschnittene Frühlingszwiebel

Koriandergrün, zum Servieren

1 Zunächst das Hähnchen mit dem Schmetterlingsschnitt vorbereiten. Dafür mit der Brustseite nach unten auf ein Schneidebrett legen und mit einer Küchenschere an beiden Seiten des Rückgrats entlangschneiden, vom unteren Hohlraum bis zum Nacken. Das Rückgrat entfernen und entsorgen. Das Hähnchen umdrehen und fest auf die Brustseite drücken, um die Knochen zu brechen und das Hähnchen flach zu drücken. In eine Auflaufform oder eine säureunempfindliche Schüssel legen und beiseitestellen.

2 In einem Standmixer oder der Küchenmaschine Korianderwurzeln, Zitronengras, Knoblauch, schwarze Pfefferkörner, Schalotten und Kondensmilch zu einer feinen Paste pürieren. Dann Austernsauce, Sojasauce und Salz unterrühren. Die Mischung über das Hähnchen gießen, die Pandanblätter hinzufügen und die Marinade sorgfältig auf dem Hähnchen verteilen. Im Kühlschrank 30 Minuten oder bis zu 1 Stunde marinieren.

3 Für den Dip in einem kleinen Topf alle Zutaten außer Frühlingszwiebel und Koriander vermischen. Bei niedriger Temperatur köcheln lassen, bis sich der Zucker aufgelöst hat, dann vom Herd nehmen, beiseitestellen und abkühlen lassen. Den abgekühlten Dip in eine kleine Schüssel umfüllen und mit der Frühlingszwiebel und dem Koriander bestreuen.

4 Auf einem Holzkohlegrill das Hähnchen bei niedriger bis mittlerer Temperatur grillen, bis die Fleischtemperatur im Inneren 70 °C erreicht hat oder der austretende Fleischsaft klar ist (nicht rosa), wenn ein Metallspieß in die dickste Stelle der Keule gestochen wird. Alternativ kann das Hähnchen im auf 210 °C vorgeheizten Backofen 30 Minuten gebraten werden, bis es die entsprechende Fleischtemperatur erreicht oder den Spießtest besteht.

5 Das *gai yang* mit dem Dip und Klebreis servieren und/oder Papaya-Salat nach Belieben dazu reichen.

NAM PRIK GAPI PLA TU

Nam prik-Sauce mit Garnelenpaste und frittierter Makrele

Nam prik ist schon seit dem 14. Jahrhundert ein wichtiger Bestandteil der Thai-Küche und vermutlich die älteste Würzsauce. Verschiedene Kräuter und Gewürze werden im Mörser zu einer Paste püriert, die mit Fischsauce, Limettensaft und Tamarindenpaste vermischt wird. *Nam prik* wird oft zu Gemüse oder Fisch serviert und dient als Sauce für das Reisgericht *kao pad nam prik*. Die Zutaten für *nam prik* variieren von Region zu Region, je nach lokalem Angebot. Eine wichtige Zutat für viele Varianten von *nam prik* – wie in diesem Rezept – ist *gapi*, eine Paste aus fermentierten Garnelen.

Ergibt 1 Tasse

200 ml Pflanzenöl, zum Frittieren

1 ganze blaue Makrele, gesäubert

10 rote und grüne Bird's-Eye-Chilis, diagonal halbiert

10 Knoblauchzehen

5 kleine rote Thai-Schalotten, grob gehackt

1 Msp. feines Meersalz

½ TL feiner Zucker

1 EL Fischsauce

1 EL *gapi* (fermentierte Garnelenpaste; siehe Glossar)

2 EL Limettensaft

rohes oder blanchiertes Gemüse wie Gurke, Thai-Auberginen, Bambussprossen, Okra oder Pak Choi, zum Servieren

gedämpfter Jasmin-Reis, zum Servieren

1 In einem Wok oder einem Topf mit schwerem Boden das Öl bei mittlerer Temperatur erhitzen, bis ein hineingeworfener Brotwürfel in 30 Sekunden bräunt – auf etwa 180 °C. Die Makrele darin 2–3 Minuten goldbraun frittieren, dann mithilfe eines Schaumlöffels herausnehmen und auf Küchen-papier abtropfen lassen. Die ab-gekühlte Makrele von Haut und Gräten befreien und beiseite-stellen.

2 In einem Wok Chili, Knoblauch und Schalotten ohne Fett bei mittlerer Temperatur 5–7 Minu-ten rösten. In einen Mörser geben und zerstoßen. Das Fleisch der Makrele hinzufügen und eben-falls zermahlen, dann Salz, Zucker, Fischsauce, *gapi* und Limetten-saft unterrühren. Nach Belieben mit 2–3 EL warmem Wasser ver-dünnen.

3 Das *nam prik gapi pla tu* zu rohem oder blanchiertem Gemüse und gedämpftem Jasmin-Reis servieren.

Rad na sen mi

Reis-Vermicelli in sämiger Sauce

Das Nudelgericht *rad na* wird traditionell in Bananenblättern serviert und kam vor langer Zeit mit chinesischen Einwanderern nach Thailand. Flache Reisnudeln und Eiernudeln werden häufig für *rad na* verwendet, aber auch *sen mi*, Reis-Vermicelli, sind gebräuchlich. Wichtig für köstliches *rad na* sind hochwertige Nudeln und eine gut gewürzte Sauce. Zunächst werden die Nudeln bei hoher Temperatur gekocht und mit dunkler Sojasauce überzogen. Sie sollten aber recht trocken sein, bevor die reichhaltige Sauce dazukommt, die fermentierte Sojabohnenpaste enthält. *Rad na* gibt es auf den Straßen von Bangkok überall und wird meist mit Chiliflocken und in Essig eingelegten Chilis serviert.

Für 4 Personen

170 g trockene Reis-Vermicelli

80 ml Pflanzenöl

80 ml dunkle Sojasauce

5 Knoblauchzehen, fein gehackt

500 g Riesengarnelen, geschält

2 Bund Chinesischer Brokkoli (*gai lan*), diagonal in Stücke geschnitten

1,5 l Schweinebrühe (Seite 192)

1 EL fermentierte Sojabohnenpaste (siehe Glossar)

2 EL Sojasauce

2 EL Austernsauce

1 TL feiner Zucker

75 g Maisstärke

frisch gemahlener weißer Pfeffer, zum Abschmecken

Chiliflocken oder eingelegte Chilis, zum Servieren

1 Eine große Schüssel mit kaltem Wasser füllen und die Vermicelli darin einweichen, bis sie weich sind. In einen Durchschlag abgießen, beiseitestellen und 15 Minuten trocknen lassen.

2 In einem Wok 1 Esslöffel des Öls bei mittlerer Temperatur erhitzen und die Vermicelli und die dunkle Sojasauce darin pfannenrühren, bis die Vermicelli komplett mit Sauce überzogen sind. Die Nudeln in eine Schüssel umfüllen und beiseitestellen.

3 In einem sauberen Wok das restliche Pflanzenöl bei mittlerer Temperatur erhitzen und den Knoblauch darin anschwitzen, dann die Garnelen hinzufügen und braten, bis sie die Farbe verändern. Den Chinesischen Brokkoli hinzufügen und 2 Minuten garen, bis er zusammenfällt, dann die Brühe hinzugeben. Zum Kochen bringen und mit fermentierter Sojabohnenpaste, Sojasauce, Austernsauce und Zucker würzen.

4 In einer kleinen Schüssel die Maisstärke und 60 ml Wasser glatt rühren. Die Mischung langsam in den Wok träufeln, dabei stetig umrühren, bis das Ganze andickt.

5 Zum Servieren die Vermicelli auf vier Teller verteilen und großzügig Sauce darauf verteilen. Die Garnelen und den Brokkoli darauf verteilen, mit Pfeffer würzen und Chiliflocken oder eingelegte Chilis dazu reichen.

Khao soi gai

Eiernudeln mit Hähnchencurry

Khao soi kam mit muslimischen Einwanderern aus China nach Nordthailand und wurde auch in den anderen Teilen des Lands beliebt, Bangkok eingeschlossen. Das Rezept vereint Kokoscreme, *gai* (Hähnchen), Kräuter und Gewürze zu einer wärmenden Speise für das kalte Klima im Norden. Auf einer Reise durch den Norden Thailands sollte man es unbedingt probieren, am besten in Chiang Mai, wo es einige bekannte Adressen für das Gericht gibt.

Für 2 Personen

500 g Kokoscreme

½ EL Currypulver

500 g Hähnchen-Unterkeule (Drumsticks)

1 EL geriebener Palmzucker

2 TL feines Meersalz

100 ml Pflanzenöl

Eiernudeln

250 g Kuchenmehl (= 200 g Weizenmehl + 50 g Speisestärke), plus mehr zum Bestäuben

140 g verquirltes Entenei (etwa 4 Eier)

Currypaste

5 getrocknete rote Chilis

5 Knoblauchzehen

5 kleine rote Thai-Schalotten

2 Krachai (Chinesischer Ingwer oder Fingerwurz; siehe Glossar) oder 5 dünne Scheiben Galangal (Thai-Ingwer)

1 TL gemahlene Kurkuma

1 EL in feine Ringe geschnittenes Zitronengras

1 EL geriebener Palmzucker

1½ EL *gapi* (fermentierte Garnelenpaste; siehe Glossar)

1 Kaffirlimettenblatt, fein gehackt

Zum Servieren

Koriandergrün

in feine Ringe geschnittene rote Thai-Schalotten

Limettenspalten

eingelegte Senfblätter (siehe Glossar)

1 Für die Eiernudeln das Mehl in eine Schüssel sieben. Eine Mulde in die Mitte des Mehls drücken und die aufgeschlagenen Eier hineingießen. Mithilfe einer Gabel nach und nach das Mehl einarbeiten. Den Teig mit den Händen 10 Minuten geschmeidig kneten. Den Teig in ein sauberes, feuchtes Geschirrtuch wickeln, beiseitestellen und mindestens 30 Minuten ruhen lassen.

2 Eine Arbeitsfläche dünn mit Mehl bestäuben, den Teig in vier Stücke teilen und in der Nudelmaschine nacheinander verarbeiten. Während die restlichen Stücke bedeckt unter dem Geschirrtuch bleiben, das erste Stück zu einem flachen Kreis drücken und diesen durch die Nudelmaschine (auf der weitesten Stufe) ziehen. Den Teig zu einem Drittel zusammenfalten und erneut durch die Maschine ziehen. Den Vorgang mit der nächst engeren Stufe der Maschine wiederholen, dabei mit Mehl bestäuben, falls erforderlich. So weiter verfahren, bis der Teig nur noch 1 mm dünn ist. Dann in 2 mm breite Streifen schneiden, diese lose aufhäufen und beiseitestellen. Mit den restlichen drei Teigstücken ebenso verfahren.

3 Für die Currypaste alle Zutaten im Mörser zu einer feinen Paste zermahlen. Beiseitestellen.

4 In einem großen Topf die Hälfte der Kokoscreme bei mittlerer Temperatur erhitzen, bis sie fast kocht. Die Currypaste unterrühren, dann das Currypulver, gefolgt vom Hähnchen, hinzufügen. Rühren, um das Hähnchen mit der Sauce zu überziehen, dann die restliche Kokoscreme, Palmzucker und Salz untermischen. Den Deckel auflegen, die Temperatur reduzieren und das Ganze 40 Minuten leise köcheln lassen.

5 In einem Wok oder einer großen Pfanne mit schwerem Boden das Öl bei hoher Temperatur erhitzen und darin eine kleine Handvoll der Eiernudeln knusprig braten. Mithilfe eines Schaumlöffels aus dem Öl nehmen und auf Küchenpapier abtropfen lassen.

6 Eine große Schüssel mit Eiswasser füllen und beiseitestellen. In einem Topf Wasser bei hoher Temperatur zum Kochen bringen und die restlichen Eiernudeln 1–2 Minuten darin al dente garen. Mithilfe einer Nudelzange die Nudeln im Eiswasser abschrecken, dann in einem Durchschlag abtropfen lassen.

7 Zum Servieren die Eiernudeln auf zwei Schalen verteilen und das Curry daraufschöpfen. Mit Koriander, Schalotten, Limettenspalten, eingelegten Senfblättern und den gebratenen Eiernudeln anrichten.

Salate

Thai-Salate, die *yum* heißen, sind wandlungsfähige Gerichte aus Fleisch oder Meeresfrüchten und frischen Kräutern, meist mit Chili, Limettensaft und Fischsauce angemacht. Minze, Koriander, Thai-Basilikum, Zitronengras, Kaffirlimettenblätter und rote Thai-Schalotten sind einige der wichtigsten Kräuter und Zutaten. Bestimmte Rezepte für *yum* sehen auch Kokoscreme und *nam prik pao* (Thai-Chilipaste) vor, die den Salat gehaltvoller und schärfer machen. Es sind viele Varianten denkbar – Ihrer Fantasie sind bei der Auswahl der Zutaten keine Grenzen gesetzt. Zwei Aspekte sind allerdings wichtig für gute Thai-Salate: das Gleichgewicht der Aromen, was teils schwierig zu erreichen ist, und die Frische der Zutaten.

Der Nordosten Thailands kennt einen ganz eigenen Salatstil, der bekannteste Salat heißt *laap*. Er enthält etwas andere Kräuter sowie gerösteten Reis. Wie auch der andere bekannte *yum* aus dem Nordosten, *som tum* (Papaya-Salat), ist *laap* von der Küche des benachbarten Laos beeinflusst. Das Essen von Klebreis im Nordosten Thailands zu *laap* und *som tum* geht ebenfalls auf den laotischen Einfluss zurück.

In Bangkok widmen sich unzählige Restaurants und Garküchen ganz der Kunst des *yum*. Straßenverkäufer, die *yum* anbieten, erkennt man an ihren Edelstahlschüsseln und den Auslagen mit Kräutern und anderen frischen Zutaten und an den speziellen Kenntnissen, die nur die Einheimischen haben. Im Vergleich zu dem Angebot auf der Straße werden in Restaurants für Salate meist hochwertigere Zutaten verwendet. Die frischen Zutaten und kräftigen Aromen machen Salate zu den beliebtesten Gerichten in Thailand, und sie werden sowohl solo gegessen als auch mit gedämpftem Reis oder – als Nachtimbiss – auch mit *khao tom* (Reissuppe).

YUM RUAM MID TALAY

Meeresfrüchtesalat

Yum (Salat) ist die erste Wahl für alle, die eine leichte, gesunde Mahlzeit schätzen, und in ganz Bangkok findet man Garküchen, die sich auf unterschiedliche Varianten spezialisiert haben. Salate sind einfach zuzubereiten und die wandlungsfähigsten Gerichte der Thai-Küche, da die Zutaten je nach den Vorlieben des Gasts (oder Küchenchefs) variieren. Wichtigster Bestandteil ist das Dressing, das alle Zutaten mit den Aromen von frischem Limettensaft, Chili und Knoblauch verbindet.

Für 2 Personen

2 EL feines Meersalz

50 g Filet vom Barramundi oder anderes weißes Fischfilet, in mundgerechte Stücke geschnitten

50 g Tigergarnelen, geschält und vom Darm befreit, Schwänze intakt

50 g Tintenfisch, gesäubert und in Ringe geschnitten

10 Miesmuscheln, gesäubert und entbartet

½ Zwiebel, in feine Ringe geschnitten

1 Tomate, gewürfelt

1 Stange Chinesischer Sellerie (siehe Glossar), in 2–3 cm lange Stücke geschnitten

Dressing

2 EL Fischsauce

2 EL Limettensaft

1 ½ TL feiner Zucker

1 EL in Ringe geschnittene rote Bird's-Eye-Chili

1 kleine rote Thai-Schalotte, in sehr feine Ringe geschnitten

2 Knoblauchzehen, fein gehackt

1 Einen Topf zur Hälfte mit Wasser füllen und das Wasser mit dem Salz bei hoher Temperatur zum sprudelnden Kochen bringen. Die Fischstücke im Salzwasser 3 Minuten garen, dann mithilfe eines Schaumlöffels herausnehmen, beiseitestellen und abtropfen lassen. Die Garnelen und Tintenfische 1–2 Minuten garen, dann mithilfe eines Schaumlöffels herausnehmen, beiseitestellen und abtropfen lassen. Aus dem Topf alles bis auf 250 ml Wasser abgießen, erneut zum Kochen bringen, die Muscheln hineingeben und den Deckel auflegen. Auf mittlere Temperatur stellen und die Muscheln garen, bis sie sich öffnen, dabei ab und zu umrühren. Das Muschelfleisch auslösen und beiseitestellen, alle ungeöffneten Muscheln entsorgen.

2 Für das Dressing in einer kleinen Schüssel alle Zutaten vermischen und rühren, bis sich der Zucker aufgelöst hat.

3 Die gegarten Meeresfrüchte, Zwiebel, Tomate, Chinesischen Sellerie und das Dressing in einer großen Schüssel sorgfältig vermischen. Bei Raumtemperatur servieren.

YUM SOM OH

Pomelo-Salat

Yum som oh stammt aus dem Norden Thailands, wo es manchmal ähnlich wie der Papaya-Salat (Seite 99) zubereitet wird. Die knackige, zugleich süße und saure Pomelo ist eine in Thailand sehr beliebte Frucht; sie wird auch pur gegessen, bestreut mit einer Mischung aus Zucker, Salz und Chiliflocken.

Für 2–3 Personen

350 g Tigergarnelen, geschält und vom Darm befreit, Schwänze intakt

100 g Schweinehack

100 ml Pflanzenöl, zum Braten

2 rote Thai-Schalotten, in feine Ringe geschnitten

1 kleine Pomelo, geschält, die Segmente in Stücke gezupft

2 EL geröstete Erdnüsse, zerstoßen

50 g getrocknete Shrimps (siehe Glossar), zerstoßen

2 EL Kokosraspel

1 EL Chiliflocken

2 EL Limettensaft

gehacktes Koriandergrün oder Betelblätter, zum Servieren

Dressing

80 g Kokoscreme

4 TL geriebener Palmzucker

2 EL Fischsauce

2 EL Tamarindenkonzentrat

1 EL *nam prik pao* (Thai-Chilipaste; siehe Glossar)

1 In einem kleinen Topf Wasser bei hoher Temperatur zum sprudelnden Kochen bringen. Die Garnelen darin 1–2 Minuten garen, bis sie sich verfärben, dann mithilfe eines Schaumlöffels herausnehmen und beiseitestellen. Den Vorgang mit dem Schweinefleisch wiederholen, dabei die Garzeit auf 2–3 Minuten erhöhen, das Fleisch sollte nicht mehr rosa sein.

2 Für das Dressing in einem kleinen Topf die Kokoscreme bei mittlerer Temperatur gerade so zum Kochen bringen, dann vom Herd nehmen, beiseitestellen und auf Raumtemperatur abkühlen lassen. In einem zweiten Topf Palmzucker, Fischsauce, Tamarindenkonzentrat, *nam prik pao* und 1 EL Wasser bei niedriger Temperatur köcheln lassen, bis sich der Zucker aufgelöst hat. Die Kokoscreme sorgfältig unterrühren. Vom Herd nehmen, beiseitestellen und abkühlen lassen.

3 In einem kleinen Topf das Öl bei mittlerer Temperatur erhitzen und die Schalotten darin goldbraun und knusprig braten. Mithilfe eines Schaumlöffels herausnehmen und auf Küchenpapier abtropfen lassen.

4 In einer großen Schüssel Pomelo, Erdnüsse, getrocknete Shrimps, gebratene Schalotten, Kokosraspel, Chiliflocken und Limettensaft vermischen. Vorsichtig mit dem Dressing beträufeln und dabei umrühren. Da die Pomelo Saft abgibt, das Dressing eher vorsichtig dosieren, damit der Salat nicht zu feucht wird. Die gegarten Garnelen und das Schweinefleisch vorsichtig untermischen und noch etwas Dressing hinzufügen, falls der Salat nun zu trocken ist. Mit Koriander oder Betelblättern bestreut servieren.

Im Uhrzeigersinn von oben: Salat mit Hähnchen-Hack (Seite 97);
Glasnudelsalat (Seite 96); Meeresfrüchtesalat (Seite 92).

yum woonsen

Glasnudelsalat

Auch *yum woonsen* ist ein bei Thailändern höchst beliebter Salat. Es gibt unendlich viele Varianten, am häufigsten kommen Schweinehack oder Meeresfrüchte hinein. Einige Straßenverkäufer verwenden Judasohr-Pilze für den Salat, eine großartige Option für Vegetarier.

Für 4 Personen

250 g Glasnudeln

3 EL Pflanzenöl, zum Braten

4 Knoblauchzehen, fein gehackt

25 g getrocknete Shrimps (siehe Glossar)

100 g Schweinehack

3 ½ EL Fischsauce

¼ rote Zwiebel, in feine Ringe geschnitten

3 ½ EL Limettensaft

1 ½ TL feiner Zucker

2 EL in Ringe geschnittene rote Bird's-Eye-Chilis

1 kleine Handvoll grob gehacktes Koriandergrün und Stängel

1 kleine Handvoll grob gehackte Frühlingszwiebel

25 g geröstete Erdnüsse

1 Eine große Schüssel mit kaltem Wasser füllen und die Glasnudeln darin einweichen, bis sie weich sind. In einen Durchschlag abgießen und die Schüssel mit Eiswasser füllen. In einem Topf Wasser bei hoher Temperatur zum Kochen bringen und die Nudeln darin 10–20 Sekunden garen. Mithilfe einer Nudelzange die Nudeln zum Abschrecken in das Eiswasser legen. Die abgekühlten Nudeln in einen Durchschlag abgießen und beiseitestellen.

2 In einer beschichteten Pfanne das Öl bei mittlerer Temperatur erhitzen und den Knoblauch darin 4–5 Minuten goldbraun anschwitzen. Mithilfe eines Schaumlöffels herausnehmen und auf Küchenpapier abtropfen lassen. Die getrockneten Shrimps in demselben Öl 2–3 Minuten knusprig braten. Herausnehmen und auf Küchenpapier abtropfen lassen. Das Öl zurückbehalten und auf Raumtemperatur abkühlen lassen.

3 In einem kleinen Topf Wasser bei hoher Temperatur zum Kochen bringen und darin das Schweinehack 2–3 Minuten garen, bis es nicht mehr rosa ist, dabei stetig umrühren. Das meiste Wasser abgießen, den Topf wieder auf den Herd stellen und die Temperatur auf mittlere Stufe stellen. Dann 1 Esslöffel Fischsauce hinzufügen und das Schweinefleisch 2 Minuten garen, dann vom Herd nehmen, beiseitestellen und abkühlen lassen.

4 In einer großen säureunempfindlichen Schüssel Nudeln, gebratenen Knoblauch, gebratene Shrimps, rote Zwiebel, Schweinehack und das zurückbehaltene Öl gründlich vermischen. Die restliche Fischsauce, Limettensaft, Zucker und Chilis hinzugeben, abschmecken und eventuell mehr als die angegebenen Mengen zufügen, je nach Geschmack.

5 Den Salat auf einer Platte anrichten und mit Koriander, Frühlingszwiebel und gerösteten Erdnüssen servieren.

Laap gai

Salat mit Hähnchen-Hack

Laap ist ein klassisches Gericht aus dem Norden und Nordosten Thailands, das vermutlich vor langer Zeit von Händlern aus Südchina mitgebracht wurde. Ursprünglich wurde es wie Tatar zubereitet, also aus rohem Fleisch, Kräutern und Gewürzen. Heute benutzt man für *laap* eher gegartes Fleisch. Für den Salat gibt es viele regionale Varianten, doch die Hauptzutaten sind immer rote Thai-Schalotten, Langer Koriander und gemahlener, gerösteter Reis. Dazu werden als Beilagen meist noch Kräuter und Gemüse wie Minze, Kohl und grüne Bohnen gereicht.

Für 2 Personen

300 g Hähnchen-Hackfleisch

2 EL Jasmin-Reis

1 EL Chiliflocken

3 EL Fischsauce

3 EL Limettensaft

4 kleine rote Thai-Schalotten, in feine Ringe geschnitten

1 Frühlingszwiebel, in feine Ringe geschnitten

7 g Minzblättchen, grob gehackt

1 Blatt Langer Koriander (siehe Glossar), in feine Streifen geschnitten

1 In einem kleinen Topf 125 ml Wasser bei hoher Temperatur zum Kochen bringen und das Hähnchen-Hack darin 2–3 Minuten garen, bis es nicht mehr rosa ist, dabei stetig umrühren. Abgießen, beiseitestellen und abkühlen lassen.

2 In einer Pfanne ohne Fett den Jasmin-Reis bei mittlerer Temperatur goldbraun rösten. Den Reis in einer Gewürzmühle oder einem Mörser zu einem feinen Pulver zermahlen.

3 In einer großen säureunempfindlichen Schüssel Chiliflocken, Fischsauce, Limettensaft, gemahlenen Reis, Schalotten, Frühlingszwiebel, Minze, Langen Koriander und Hähnchen vor dem Servieren sorgfältig vermischen.

SOM TUM THAI

Papaya-Salat

Der Salat, ursprünglich aus dem Nordosten Thailands, hat sich zu einem Nationalgericht entwickelt, sogar Songs wurden dem heiß geliebten Salat schon gewidmet. *Som* bedeutet »sauer« im Thai-Dialekt des Nordostens, und *tum* ist das Vermischen von Zutaten mithilfe eines Mörsers. Den Salat gibt es in zahllosen Varianten mit unterschiedlichen Zutaten: teils wird *pla ra* (fermentierte Fischsauce) für komplexere Geschmacksnoten verwendet, während *boo kem* (gesalzenes Krebsfleisch) hinzugefügt wird, wenn das Ganze etwas salziger werden soll. *Som tum thai* ist eine süßere und mildere Version, zu der auch geröstete Erdnüsse gehören.

Für 2 Personen

1 EL getrocknete Shrimps (siehe Glossar)

2 Knoblauchzehen

4–5 rote Bird's-Eye-Chilis

50 g Schlangenbohnen, in 5 cm lange Stücke geschnitten

½ EL geröstete Erdnüsse

20 g Palmzucker, zerlassen (siehe Tipp Seite 10)

2 EL Fischsauce

1 EL Limettensaft

5 Kirschtomaten, halbiert

200 g grüne Papaya, geschält und in feine Streifen geschnitten

gegarter Klebreis, zum Servieren (nach Belieben)

Gegrilltes Hähnchen (Seite 80), zum Servieren (nach Belieben)

1 In einem großen Mörser die getrockneten Shrimps grob zerstoßen. Die Knoblauchzehen und die Chilis hinzufügen und zu einer groben Paste zermahlen, dann die Schlangenbohnen und die Erdnüsse hinzufügen und ebenfalls grob zerstoßen.

2 Den Palmzucker hinzufügen und mit dem Stößel untermischen. Dann Fischsauce, Limettensaft und Kirschtomaten hinzufügen und durch Rühren und Zerstoßen mit dem Rest vermengen. Zuletzt die grüne Papaya zufügen und erneut alle Zutaten durch Rühren und Zerstoßen gründlich vermischen.

3 Den Salat abschmecken; er sollte süß, sauer, salzig und scharf sein. Nachwürzen, falls erforderlich, und nach Belieben mit warmem Klebreis und Gegrilltem Hähnchen servieren.

KHAO MUN GAI

Hainan-Hähnchen-Reis

Das ursprünglich aus Hainan in China stammende Rezept in dieses Buch aufzunehmen erscheint zunächst vielleicht merkwürdig. Doch dieses bekannte Gericht reiste mit Auswanderern aus Hainan durch Südostasien und ist auch in den Straßen Bangkoks überall zu bekommen. Dort hängen die Händler ganze gegarte Hühner in ihre Schaufenster, um ihre Spezialität anzupreisen. Highlight dieses Gerichts ist der duftende Reis, der mit Ingwer und Knoblauch in Hühnerbrühe gekocht und dann zum langsam gegarten Huhn gereicht wird, zusammen mit einem Dip, der für Süße und Säure sorgt. In Bangkok gibt es zudem auch kreative Abwandlungen von *khao mun gai*, mit gegrilltem oder gebratenem Hähnchen, die bei den Einheimischen sehr beliebt sind.

Für 6 Personen

1 ganze Ingwerwurzel, diagonal in Scheiben geschnitten

1 Chinakohl (*wombok*), grob gehackt

5 Korianderwurzeln, sauber abgebürstet

20 ganze weiße Pfefferkörner

2 EL Sojasauce

2 Pandanblätter, verknotet

2,5–3 kg Freiland-Hähnchen

3 EL feines Meersalz

3 EL feiner Zucker

Reis

500 g Hähnchenhaut, grob gehackt

1 rote Thai-Schalotte, in feine Ringe geschnitten

30 g Knoblauchzehen, grob gehackt

1 x 5 cm großes Stück Ingwer, diagonal in Scheiben geschnitten

400 g Jasmin-Reis

1 TL feines Meersalz

1 TL feiner Zucker

1 Pandanblatt, verknotet

Dip

1 EL fermentierte Sojabohnenpaste (siehe Glossar)

2 ½ EL Sojasauce

1 ½ EL süße Sojasauce

80 g junger Ingwer, gerieben

1 ½ EL Weißweinessig

Saft von ½ Limette

2 EL gehackte rote und grüne Bird's-Eye-Chilis

1 In einem großen Suppentopf 6 l Wasser bei hoher Temperatur zum Kochen bringen und Ingwer, Chinakohl, Korianderwurzeln, weiße Pfefferkörner, Sojasauce und Pandanblätter hineingeben. Vorsichtig das Hähnchen in den Topf legen und die Temperatur auf mittlere bis niedrige Stufe reduzieren. Das Salz und den Zucker unterrühren und alles 45 Minuten köcheln lassen, bis das Hähnchen gar ist.

2 Eine große Schüssel mit Eiswasser füllen und den Suppentopf vom Herd nehmen. Mithilfe einer Küchenzange das Hähnchen in das Eiswasser legen. Das abgekühlte Hähnchen abgießen und mit Küchenpapier trocken tupfen. Mit einer Schöpfkelle oder einem großen Löffel so viel wie möglich von der Fettschicht auf der Brühe entfernen. Das Hähnchen mit einem Teil dieses Fetts einreiben, damit es nicht austrocknet, und das restliche Fett sowie die Hühnerbrühe zurückbehalten.

3 Für den Reis in einem Wok die Hähnchenhaut bei mittlerer Temperatur 30–40 Minuten goldbraun rösten, bis das Fett ausgetreten ist, dabei gelegentlich umrühren und die Temperatur reduzieren, wenn die Haut zu schnell bräunt. Mithilfe eines Schaumlöffels herausnehmen und auf Küchenpapier abtropfen lassen (diese knusprige Haut kann für andere Gerichte verwendet werden). Die Schalotte in das ausgebratene Fett geben und 4–5 Minuten anschwitzen, dann durch ein feines Sieb in eine Schüssel abgießen und die Schalotte entsorgen.

4 In einem sauberen Wok 80 ml des aufgefangenen Ausbratöls bei mittlerer Temperatur erhitzen und den Knoblauch und den Ingwer darin anschwitzen. Den Reis hinzufügen und umrühren, bis er von Öl überzogen ist, dann 30 g des zurückbehaltenen Suppenfetts, das Salz und den Zucker unterrühren. Nun 250 ml der zurückbehaltenen Hühnerbrühe hinzufügen und umrühren, bis der Reis glasigweiß wird. Vom Herd nehmen.

5 Das Pandanblatt in die Schüssel des Reiskochers (siehe Tipp) legen und mit dem Reis bedecken. So viel Hühnerbrühe hinzufügen, dass der Reis von 2 cm Brühe bedeckt ist, und den Reis entsprechend der Herstellerangaben kochen. Wenn er gar ist, auf der Warmhaltestufe 15–20 Minuten ruhen lassen, bevor der Deckel geöffnet wird, um den Ingwer und das Pandanblatt zu entsorgen. Den Reis mit einer Gabel auflockern und auf eine Platte geben.

6 Inzwischen für den Dip in einer kleinen Schüssel alle Zutaten außer den Chilis vermischen, 1 ½ Esslöffel Wasser unterrühren, gründlich vermischen und abschmecken; nach Belieben Süße und Säure ausgleichen. Die gehackten Chilis kurz vor dem Servieren unterrühren.

7 Die restliche Hühnerbrühe nach Belieben mit Wasser verdünnen, zum Kochen bringen und in sechs kleine Suppenschalen schöpfen. Das Hähnchenfleisch in 1 cm dicke Scheiben schneiden und auf dem Reis anrichten. Mit dem Dip und der Brühe in den Schalen servieren.

Tipp
Wir empfehlen einen Reiskocher für die Zubereitung dieses Gerichts, damit geht es einfach und gelingt am besten. Wenn der Reis im Topf zubereitet wird, brennt er leicht an, aber es geht durchaus. Verwenden Sie Flüssigkeit und Reis im Verhältnis 1:1. Den Deckel auflegen und alles bei hoher Temperatur zum Kochen bringen, dann die Temperatur auf die niedrigste Stufe reduzieren. Den Reis zugedeckt garen, dabei mehrfach prüfen, ob er am Boden anbrennt. Vom Herd nehmen und ohne den Deckel abzunehmen vor dem Servieren noch 15–20 Minuten ruhen lassen.

KHAO MHOK GAI

Gelber Reis mit Hähnchen

Händler aus Indien und dem Nahen Osten, die im 19. Jahrhundert nach Thailand reisten, brachten *biryani* mit, ein Gericht aus scharf gewürztem Fleisch und Reis. Die thailändische Version von *biryani* kombiniert Hähnchenfleisch, das in einer Gewürzmischung mariniert wurde, mit buttrigem Reis und einem süßsauren Dip. Auch wenn *khao mhok gai* seinen Ursprung nicht in Thailand hat, wird es schon lange als Teil der Thai-Küche angesehen, und man bekommt es an vielen Orten in Bangkok und im Süden des Landes, vor allem in den muslimischen Gemeinden.

Für 8 Personen

8 Hähnchenkeulen (oder Drumsticks)

55 g Butter

500 g Jasmin-Reis

1 l Hühnerbrühe (Seite 193)

Koriandergrün, zum Servieren

20 g gebratene Schalotten

in Scheiben oder Streifen geschnittene Gurke, Tomate und Kopfsalat, zum Servieren

Marinade

2 Zimtstangen

6 grüne Kardamomkapseln

6 Nelken

2 TL gemahlener Koriander

1 EL ganze weiße Pfefferkörner

5 Knoblauchzehen, grob gehackt

1 x 2 cm großes Stück Ingwer, gehackt

2 rote Chilis, von den Samen befreit

½ TL Chiliflocken

2 TL feines Meersalz

2 TL Currypulver

1 TL gemahlene Kurkuma

1 TL gemahlener Kreuzkümmel

150 g Naturjoghurt

60 ml Kondensmilch

Dip

100 g feiner Zucker

2 TL feines Meersalz

4 Frühlingszwiebeln, grob gehackt

5 Stängel Koriandergrün, grob gehackt

1 ganze kleine Ingwerwurzel, fein gehackt

2 grüne Bird's-Eye-Chilis, grob gehackt

10 Knoblauchzehen

10 g Minzblättchen

125 ml Weißweinessig

1 Für die Marinade in einer Pfanne oder einem Wok die Zimtstangen, Kardamomkapseln, Nelken, gemahlenen Koriander und weiße Pfefferkörner bei mittlerer Temperatur rösten, bis sie duften. Anschließend die Gewürze im Mörser zu einem feinen Pulver zermahlen und beiseitestellen. Dann Knoblauch, Ingwer und rote Chilis zu einer feinen Paste zermahlen, mit den Gewürzen in eine große säureunempfindliche Schüssel geben und darin sorgfältig mit den restlichen Zutaten vermischen.

2 Die Hähnchenteile mehrfach mit einer Gabel einstechen und in die Marinade legen, sodass sie davon überzogen sind. Abdecken und im Kühlschrank mindestens 1 Stunde oder besser über Nacht marinieren.

3 Für den Dip in einem kleinen Topf den Zucker, das Salz und 80 ml Wasser bei niedriger Temperatur erhitzen, bis der Zucker sich aufgelöst hat. Vom Herd nehmen, beiseitestellen und abkühlen lassen. In einem Standmixer oder einer Küchenmaschine Frühlingszwiebel, Koriander, Ingwer, Chili, Knoblauch und Minze zu einer Paste pürieren. Den Essig in den abgekühlten Sirup rühren, anschließend die Paste. Sorgfältig vermischen und beiseitestellen.

4 In einem Wok oder einer großen Pfanne mit schwerem Boden die Butter bei mittlerer Temperatur zerlassen. Die Hähnchenteile aus der Marinade nehmen, diese zurückbehalten, und goldbraun braten. Auf eine Platte legen und beiseitestellen. Den Reis und die Marinade in den Wok geben und vermischen. Vom Herd nehmen und in die Schüssel eines Reiskochers geben (siehe Tipp).

5 Die Hähnchenteile im Reis platzieren und so viel Hühnerbrühe hinzufügen, dass der Reis 2 cm hoch bedeckt ist. Den Reis entsprechend der Herstellerangaben kochen; anschließend auf der Warmhaltestufe noch 15 Minuten ruhen lassen, bevor der Deckel geöffnet wird.

6 Hähnchen und Reis auf einer Platte anrichten und mit Koriander und Schalotten bestreuen. Mit Gurke, Tomate, Blattsalat und dem Dip servieren.

Tipp
Wenn Sie keinen Reiskocher besitzen oder Ihr Reiskocher nicht groß genug ist, den Reis und die Hähnchenteile in einen großen und tiefen Topf geben und 750 ml Brühe hinzufügen. Den Deckel auflegen und alles bei hoher Temperatur zum Kochen bringen, dann sofort die Temperatur auf niedrige Stufe reduzieren. Das Ganze zugedeckt garen, bis der Reis weich und das Hähnchen gar ist, dabei mehrfach prüfen, ob Reis am Boden anbrennt. Vom Herd nehmen und ohne den Deckel abzunehmen vor dem Servieren noch 15–20 Minuten ruhen lassen.

Khai palo

Ei und Schweinefleisch in süßer Sojabrühe

Khai palo ist ein echtes Lieblingsgericht der Bewohner Bangkoks, und so kann man es auf fast jedem Markt und fast bei jedem Straßenhändler in der Stadt finden. Wie viele andere Thai-Gerichte wurde auch *khai palo* von chinesischen Einwanderern nach Thailand mitgebracht – die mit braunem Zucker gesüßte und mit Zimt und Sternanis gewürzte Sojabrühe wird Liebhabern der chinesischen Küche bekannt vorkommen. Schweinebauch als Proteinlieferant verleiht der Suppe den reichhaltigen Umami-Geschmack, aber es gibt *khai palo* auch mit Hähnchen oder Ente. Die süß-herzhafte Suppe schmeckt am besten mit Reis.

Für 3 Personen

6 Enteneier

2 EL Traubenkernöl

1½ EL Drei-Gewürze-Paste (Seite 194)

100 g Palmzucker, gerieben

150 g Schweinebauch, in 1 cm dicke Stücke geschnitten

250 g fester Tofu, gewürfelt

1 EL süße Sojasauce

1 EL Sojasauce

2 TL feines Meersalz

2 Zimtstangen

4 Sternanis

Koriandergrün, zum Servieren

gedämpfter Jasmin-Reis, zum Servieren (nach Belieben)

1 Eine große Schüssel mit Eiswasser füllen und beiseitestellen. In einem Topf Wasser bei hoher Temperatur zum Kochen bringen und die Eier darin 6 Minuten kochen. Mithilfe eines Schaumlöffels die Eier in das Eiswasser legen. Die abgekühlten Eier pellen und beiseitestellen.

2 In einem großen Topf das Öl bei mittlerer Temperatur erhitzen und die Drei-Gewürze-Paste darin rösten, bis sie duftet. Den Palmzucker hinzufügen und karamellisieren lassen, dabei stetig umrühren, damit er nicht anbrennt. Dann die Schweinebauchscheiben und den Tofu hinzufügen, 2 Minuten rühren, dann die gekochten Eier hinzufügen und eine weitere Minute rühren, ohne die Eier zu beschädigen.

3 In den Topf 1,2 l Wasser, süße Sojasauce, Sojasauce, Salz, Zimt und Sternanis geben und alles zum Kochen bringen. Die Temperatur reduzieren und 1 Stunde köcheln lassen, dabei abschöpfen, was an Verunreinigungen an die Oberfläche steigt.

4 Vom Herd nehmen und abschmecken, mit Salz nachwürzen, falls erforderlich. In Suppenschalen schöpfen und mit den Korianderblättchen bestreuen. Nach Belieben mit gedämpftem Jasmin-Reis servieren.

GAENG JUET MARA YAD SAI

Suppe mit gefüllter Bittermelone

Es gibt zwei Sorten der Bittermelone, die auch Bittergurke genannt wird, in Thailand: die kleine, oval geformte *mara khi knok*, die man außerhalb Thailands kaum bekommt, und die chinesische *mara*, die größer, hellgrün und viel verbreiteter ist. Wie der Name schon verrät, ist Bittermelone (Bittergurke) bitter, gilt aber als sehr gesund; die Bitterkeit kann reduziert werden, indem man die Frucht mit Salz einreibt. *Mara* gehört in einige Thai-Gerichte, und diese Suppe wird in Takeaway-Garküchen und Nachtimbissen gern bestellt.

Für 2 Personen

2 Bittermelonen (Bittergurken)

1 EL feines Meersalz

1 l Schweinebrühe (Seite 192)

1 Korianderwurzel, sauber abgebürstet und mit einer Messerklinge zerdrückt

3 Shiitake-Pilze, gedrittelt

2 EL Sojasauce

1 TL Austernsauce

½ TL frisch gemahlener weißer Pfeffer

½ TL feiner Zucker

Koriandergrün, zum Servieren

Füllung

50 g Glasnudeln

½ TL feiner Zucker

1 TL Fischsauce

1 TL Austernsauce

1 EL Sojasauce

1 TL gehackte Korianderwurzel

1 TL gehackter Knoblauch

½ TL gemahlener weißer Pfeffer

200 g Schweinehack

1 Die Bittermelonen quer in 5–6 cm große Stücke schneiden und die Samen und weißes Fruchtfleisch herauskratzen. In einer kleinen Schüssel das Meersalz mit etwas Wasser zu einer Paste verrühren, dann die Bittermelonenstücke mit der Salzpaste einreiben und 15 Minuten ruhen lassen. Das Salzen verringert die Bitterkeit der Bittermelone.

2 Inzwischen für die Schweinefleischfüllung eine Schüssel mit kaltem Wasser füllen und die Glasnudeln darin einweichen, bis sie weich sind. In einen Durchschlag abgießen und beiseitestellen. In einer großen Schüssel alle restlichen Zutaten außer dem Schweinefleisch vermischen. Das Schweinefleisch und die Glasnudeln hinzufügen und kneten, bis die Sauce eingearbeitet ist. Die Masse zu einer Kugel formen und auf den Boden der Schüssel werfen, sodass ein lautes Klatschen zu hören ist. Das Ganze wiederholen, bis die Masse glatter und fester ist, dann beiseitestellen.

3 Eine große Schüssel mit Eiswasser füllen und beiseitestellen. Die Bittermelonenstücke abspülen und in einen Topf geben. Mit Wasser bedecken, bei hoher Temperatur zum Kochen bringen und 1 Minute garen. Mithilfe eines Schaumlöffels die Bittermelone aus dem Topf heben und im Eiswasser abschrecken. Die abgekühlten Stücke in einen Durchschlag abgießen und mit Küchenpapier trocken tupfen.

4 Die Bittermelonenstücke mit der Schweinefleischmasse füllen.

5 Die Schweinebrühe in einem großen Topf bei mittlerer Temperatur zum Kochen bringen und Korianderwurzel, Shiitake-Pilze und gefüllte Bittermelone hineingeben. Erneut zum Kochen bringen und mit Sojasauce, Austernsauce, weißem Pfeffer und Zucker abschmecken. Vorsichtig umrühren, die Temperatur reduzieren, den Deckel auflegen und 1 Stunde köcheln lassen.

6 Zum Servieren die Suppe auf zwei Schalen verteilen und mit Koriander bestreuen.

GAENG SOM PAK GOONG SOD

Saures orangefarbenes Curry mit Garnelen und gemischtem Gemüse

Gaeng som ist eines der interessantesten Gerichte, das man auf Reisen durch Thailand probieren sollte, denn jede Region hat ihre eigene Variante. Im Süden wird mit Kurkuma gewürzt; im Westen mit Chili und Indischem Basilikum; im Osten sorgen Kaffirlimettenblätter für den säuerlichen Geschmack. In Bangkok wird *gaeng som* wie hier beschrieben zubereitet, dabei kommt das Säuerliche des Currys vom Tamarindenkonzentrat. Fisch und Garnelen liefern die Proteine, als Gemüse können grüne Papaya, Schlangenbohnen, Okra und Wasserspinat verwendet, aber auch durch jedes andere Gemüse ersetzt werden, das gerade zur Hand ist. Wenn es schnell gehen soll, einfach die hausgemachte Currypaste in diesem Rezept durch zwei Esslöffel fertiger saurer Currypaste ersetzen. Es lohnt sich aber, die Paste selbst herzustellen.

Für 4 Personen

750 ml Hühnerbrühe (Seite 193) oder Wasser

150 g Barramundi-Filets, in feine Streifen geschnitten

125 ml Tamarindenkonzentrat

1 EL geriebener Palmzucker

3 EL Fischsauce

300 g Riesengarnelen, geschält und vom Darm befreit

gemischtes Gemüse wie Schlangenbohnen, Chinakohl (*wombok*), weißer Spargel und Okra (siehe Tipp)

gedämpfter Jasmin-Reis, zum Servieren

Saure Currypaste

8 kleine rote Thai-Schalotten, fein gehackt

1 EL fein gehackte Galangalwurzel (Thai-Ingwer)

2 EL Chiliflocken

1¼ EL *gapi* (fermentierte Garnelenpaste; siehe Glossar)

1 Msp. feines Meersalz

1 Für die Currypaste alle Zutaten im Mörser zu einer feinen Paste zermahlen.

2 In einem großen Topf die Brühe bei hoher Temperatur zum Kochen bringen. Die Currypaste sorgfältig hineinrühren. Die Barramundi-Fischstücke hinzufügen, erneut aufkochen und mit Tamarindenkonzentrat, Palmzucker und Fischsauce würzen.

3 Die Garnelen hinzufügen und ohne umzurühren 3–5 Minuten garen (durch das Umrühren würde die Brühe eine zu dominante Meeresfrüchte-Note erhalten). Das Gemüse hinzufügen und weich kochen; falls Kohl oder Blattgemüse verwendet wird, diese erst dann zugeben, wenn das andere Gemüse gar ist. Abschmecken – das Curry sollte säuerlich, salzig und scharf sein – und mit gedämpftem Jasmin-Reis servieren.

Tipp

Die Gemüsemenge können Sie Ihrem persönlichen Geschmack entsprechend anpassen, das Curry kann so gemüselastig werden, wie Sie mögen. Wir empfehlen allerdings, nicht allzu viel in die Brühe zu packen.

KHANOM MOR GAENG

Taro-Pudding mit gebratenen Schalotten

Khanom mor gaeng, auch als *khanom gumpamat* bekannt, gehört seit der Zeit Königs Narai im 17. Jahrhundert zur Thai-Küche. Ursprünglich wurde es am Königshof in einem Messingtopf serviert (die wörtliche Übersetzung des Namens wäre »ein Dessert, das in einem Curry-topf zubereitet wurde«), heutzutage wird *khanom mor gaeng* gebacken und in kleinen Edel-stahlförmchen serviert. Phetchaburi, eine Provinz im Südwesten Thailands, ist für seinen Taro-Pudding bekannt; dort gehört zur traditionellen Methode der Zubereitung, das Dessert lang-sam zu backen und mit verbrannten Kokosschalen zu räuchern, wodurch es sehr cremig wird. Auch Mungbohnen oder Lotussamen werden als Ersatz für Taro verwendet, und das Topping mit gebratenen Schalotten ist ein Muss – auch wenn es ungewöhnlich erscheinen mag!

Für 6 Personen

200 g Taro, geschält und gewürfelt

80 ml Pflanzenöl

50 g rote Thai-Schalotten, in sehr feine Ringe geschnitten

5 Enteneier, verquirlt

4 Pandanblätter

250 g Kokoszucker

400 ml Kokoscreme

1 Den Backofen auf 100 °C vor-heizen.

2 In einem großen Topf Wasser bei hoher Temperatur zum Kochen bringen. Die Taro-Würfel unten in einen Bambusdampfkorb legen und 15 Minuten dämpfen, bis sie weich sind. In einer Küchenmaschine oder einem Standmixer pürieren und beiseitestellen.

3 In einem kleinen Topf das Öl bei mittlerer Temperatur erhitzen und die Schalotten darin goldbraun und knusprig braten. Mithilfe eines Schaumlöffels aus dem Öl nehmen und auf Küchenpapier abtropfen lassen.

4 In einer großen Schüssel die Eier und die Pandanblätter vermi-schen. Die Pandanblätter mit den Händen ausdrücken, damit die Eier das Aroma annehmen. Den Kokoszucker und die Kokoscreme hinzufügen und sorgfältig unter-rühren.

5 Die Pandanblätter erneut aus-drücken, dann die Mischung durch ein Sieb streichen und in eine andere große Schüssel umfüllen, um Blätter und Klümpchen ab-zusondern. Das Taro-Püree unter-mischen und glatt rühren.

6 Die Mischung auf sechs quad-ratische Förmchen (à 11 cm) oder ähnlich große runde Förmchen verteilen und im vorgeheizten Backofen 50 Minuten backen. Vor dem Servieren mit den gebra-tenen Schalotten bestreuen.

Khanom tan

Toddy-Palm-Kuchen

Khanom tan soll schon aus dem 13. Jahrhundert stammen, aus der Zeit der Sukhothai-Epoche (1238–1438), als es mit Reismehl, Palmzucker und Kokosnuss zubereitet wurde. Das süße und cremige Dessert *khanom tan* findet man häufiger in den Provinzen Thailands, die Toddy-Palmen (Palmyra-Palmen) oder Zuckerpalmen anbauen. Traditionell wird es in Bananenblättern gedämpft, was den Kuchen noch süßer macht. Weil die Bestände an Toddy-Palmen in Thailand abnehmen, ist *khanom tan* seltener zu finden. Wenn das Toddy-Palm-Püree nicht zu bekommen ist, kann es durch Süßkartoffel- oder Kürbispüree ersetzt werden. Wichtig ist es, sehr feines Reismehl zu verwenden, damit der gedämpfte Kuchen eine geschmeidige Textur hat.

Mittag

114

Für 10 Personen

375 ml Kokoscreme

150 g feiner Zucker

4 Pandanblätter

175 g gegartes Toddy-Palm-Püree (siehe Glossar) oder Süßkartoffel- oder Kürbispüree (siehe Tipp)

250 g Reismehl

1 EL Backpulver

90 g frisches junges Kokosfruchtfleisch, geraspelt

1 In einem kleinen Topf die Kokoscreme bei niedriger Temperatur erwärmen. Den Zucker hinzufügen und umrühren, bis er sich aufgelöst hat, dann vom Herd nehmen. Die Pandanblätter in die gesüßte Kokoscreme geben und, sobald die Mischung kühl genug ist, ausdrücken, bis sie weich werden. Dann die Pandanblätter entsorgen.

2 Die Kokoscreme in eine große Schüssel zu dem Toddy-Palm-Püree geben und mit dem Schneebesen zu einer glatten Mischung aufschlagen. Das Mehl und das Backpulver hinzufügen und untermischen. Abdecken, beiseitestellen und bei Raumtemperatur 1 Stunde ruhen lassen.

3 In einem großen Topf Wasser bei hoher Temperatur zum Kochen bringen. Den Teig auf zehn Förmchen mit 6,5 cm Durchmesser verteilen und diese unten in einen großen Bambusdampfkorb stellen. Auf jedes Förmchen als Topping etwas geraspeltes Kokosfruchtfleisch geben. Die Kuchen 20–25 Minuten dämpfen, bis ein in die Mitte eines Küchleins gesteckter Spieß sauber herauskommt.

4 Vom Herd nehmen und vor dem Servieren abkühlen lassen.

Tipp

Um Süßkartoffel- oder Kürbispüree zuzubereiten, in einem großen Topf Wasser bei hoher Temperatur zum Kochen bringen. Dann 175 g geschälte und gewürfelte Süßkartoffel oder Kürbis unten in einen Bambusdampfkorb geben und 15 Minuten dämpfen. In einer Küchenmaschine oder einem Standmixer die Süßkartoffel oder den Kürbis pürieren.

KHANOM TUAY

Kokospudding

Khanom tuay ist ein altes Thai-Dessert, das glücklicherweise auf Bangkoks Märkten noch ohne Probleme zu finden ist. Zwei Schichten Pudding werden in *talai* genannten Förmchen gedämpft. Die untere Puddingschicht ist cremig und süß, im Kontrast zur oberen Schicht mit salziger Kokoscreme. *Talai* sind meist 2,5 cm tief und haben einen Durchmesser von 6,5 cm; andere ähnlich große Förmchen tun es aber auch.

Für 5 Personen

5 Pandanblätter, gehackt

65 g Reismehl

3 EL Pfeilwurzmehl

120 g geriebener Palmzucker oder Kokoszucker

250 ml Kokosmilch

Topping

500 ml Kokoscreme

35 g Reismehl

1 TL feines Meersalz

1 In der Küchenmaschine oder einem Standmixer die Pandanblätter und 100 ml Wasser pürieren, bis sich das Wasser grün färbt und die Pandanblätter zerkleinert sind. Die zerkleinerten Pandanblätter ausdrücken, die Flüssigkeit durch ein feines Sieb in eine große Schüssel gießen und die Blätter entsorgen.

2 Beide Mehlsorten und den Palmzucker zum Pandan-Wasser hinzufügen und mit der Hand vermischen, bis sich der Zucker aufgelöst hat und die Masse geschmeidig ist. Die Kokosmilch unterrühren und die Mischung durch ein feines Sieb streichen und in eine andere Schüssel geben, um alle Klümpchen zu entfernen. Beiseitestellen.

3 Für das Topping in einer Schüssel alle Zutaten vermischen, dann durch ein feines Sieb streichen und in eine andere Schüssel geben, um alle Klümpchen zu entfernen. Beiseitestellen.

4 In einem großen Topf Wasser bei hoher Temperatur zum Kochen bringen. Fünf Förmchen mit 60 ml Fassungsvermögen zur Hälfte mit der Puddingmasse füllen und unten in einen großen Bambusdampfkorb stellen. Dann 8 Minuten dämpfen, bis die Masse gestockt ist.

5 Die Topping-Mischung auf die Förmchen verteilen und weitere 10 Minuten dämpfen, dabei auf eine hohe Temperatur achten, damit der Pudding geschmeidig wird.

6 Vom Herd nehmen und vor dem Servieren abkühlen lassen.

KHAO NIAEW NA GOONG

Süßer gelber Klebreis mit gesüßten Garnelen

Reis und Klebreis stehen im Mittelpunkt der Thai-Küche, und beide werden für herzhafte und für süße Gerichte verwendet. Viele Thai-Desserts vereinen sogar beides. *Khao niaew na goong* ist ein solches Gericht, und es gehört zu den beliebtesten Desserts in Thailand. Klebreis wird dafür mit Kokosmilch gegart und mit einem süß-scharfen Garnelen-Topping serviert. Für dieses Rezept können auch getrocknete Shrimps verwendet werden, doch mit frischen Garnelen werden Textur und Aroma besser. *Khao niaew na goong* wird bei Raumtemperatur serviert.

Für 6 Personen

300 g ungegarter weißer Klebreis, über Nacht in kaltem Wasser eingeweicht, oder 500 g gegarter weißer Klebreis

200 ml Kokosmilch

100 g feiner Zucker

1 TL feines Meersalz

1 EL gemahlene Kurkuma

Gesüßte Garnelen

½ TL ganze weiße Pfefferkörner

4 Korianderwurzeln, sauber abgebürstet

8 Knoblauchzehen

3 EL Pflanzenöl, zum Braten

5 Kaffirlimettenblätter, fein gehackt

200 g Riesengarnelen, geschält, vom Darm befreit und gehackt

150 g feiner Zucker

½ TL feines Meersalz

250 g ungesüßte Kokosraspel

1 Tropfen Lebensmittelfarbe in Orange (nach Belieben)

200 g Kokoscreme

1 Einen Topf zu einem Drittel mit Wasser füllen und dieses bei mittlerer Temperatur zum Kochen bringen. Den Reis gleichmäßig in einem Sieb verteilen (siehe Tipp), das in den Topf gehängt werden kann, ohne das Wasser zu berühren; dabei darauf achten, dass der Reis nicht zu sehr in der Mitte angehäuft ist. Das Sieb in den Topf hängen, den Deckel auflegen und 20 Minuten dämpfen, bis der Reis weich ist.

2 Inzwischen in einem kleinen Topf Kokosmilch, Zucker und Salz bei niedriger Temperatur erwärmen, bis sich der Zucker aufgelöst hat, dabei darauf achten, dass die Mischung nicht kocht. Vom Herd nehmen. Die Kurkuma mit 2–3 Esslöffel warmem Wasser glatt rühren und in die gesüßte Kokosmilch rühren.

3 Den gedämpften Klebreis in eine große Schüssel umfüllen. Die Kokosmilch-Mischung langsam zum Reis gießen und vermischen, dann abdecken, beiseitestellen und 15 Minuten ruhen lassen, damit der Reis die Aromen der Kokosmilch aufnimmt. Auf Raumtemperatur abkühlen lassen.

4 Inzwischen für die gesüßten Garnelen in einer Küchenmaschine oder einem Standmixer weiße Pfefferkörner, Korianderwurzeln und Knoblauch zu einer Paste pürieren.

5 In einer Pfanne das Öl bei hoher Temperatur erhitzen und die Knoblauchpaste darin 1 Minute anschwitzen, dann die Kaffirlimettenblätter hinzufügen. Die gehackten Garnelen hinzufügen und fast gar werden lassen, dann den Zucker und das Salz unterrühren, bis sich der Zucker aufgelöst hat. Die Kokosraspel hinzufügen; die Mischung ist jetzt recht trocken.

6 Die Lebensmittelfarbe zur Kokoscreme hinzufügen, falls verwendet, und gründlich unterrühren. Die Kokoscreme zu der Garnelenmasse hinzufügen und gründlich unterrühren. Vom Herd nehmen und auf Raumtemperatur abkühlen lassen.

7 Zum Servieren den gelben Klebreis auf sechs Schalen verteilen und mit den gesüßten Garnelen anrichten.

Tipp

Dämpfen ist die beste Methode, um Klebreis zu garen. Ein Reisdämpfer im Thai-Stil, aus Bambusstreifen geflochten, funktioniert am besten, doch auch ein chinesischer Bambusdampfkorb (oder einer aus Metall), der mit einem Mulltuch (Käseleinen) ausgelegt ist, hilft weiter – genau wie der Sieb-Trick in diesem Rezept.

ABE

NDS

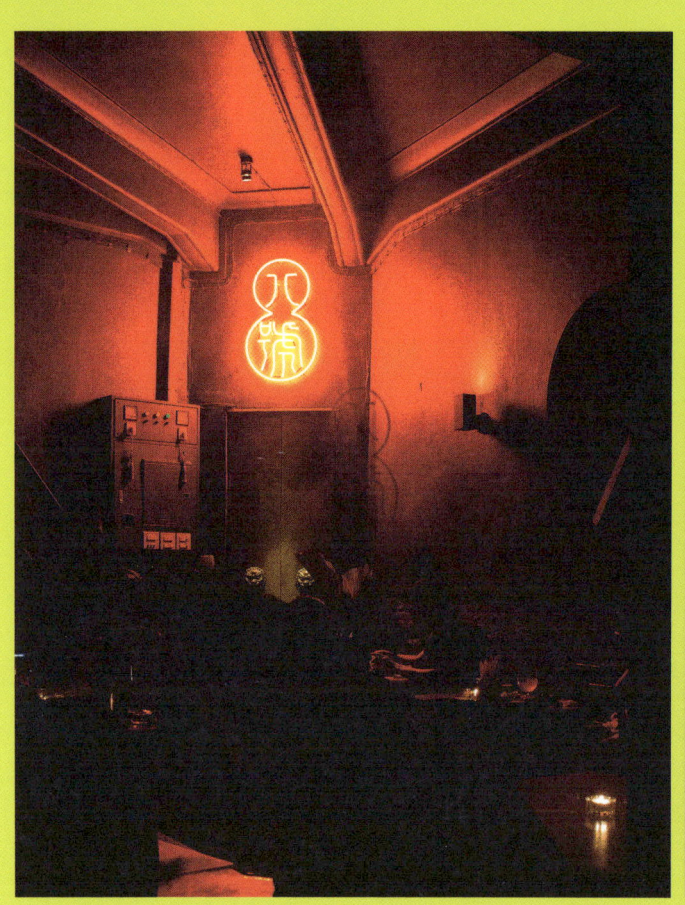

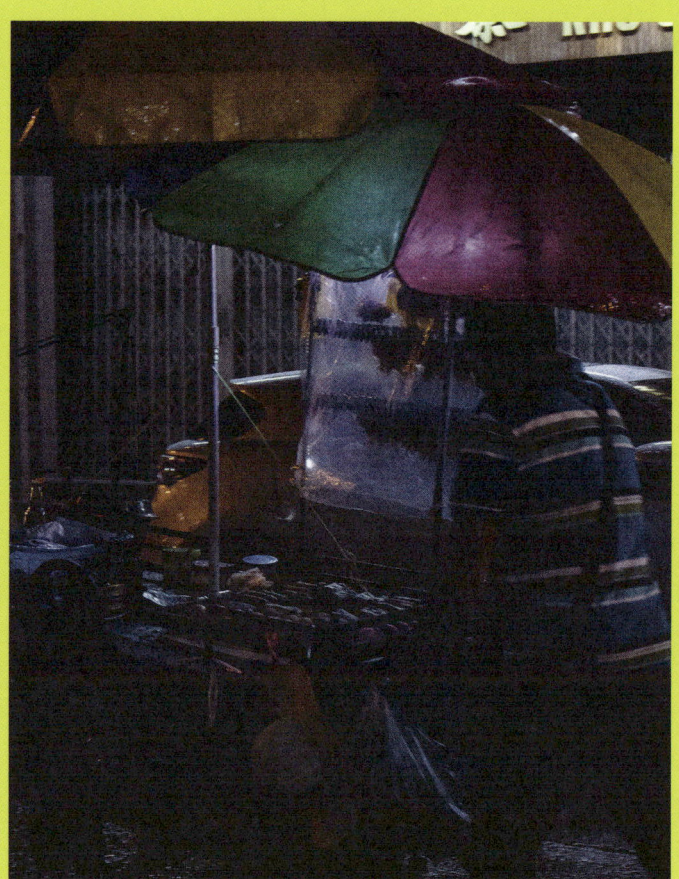

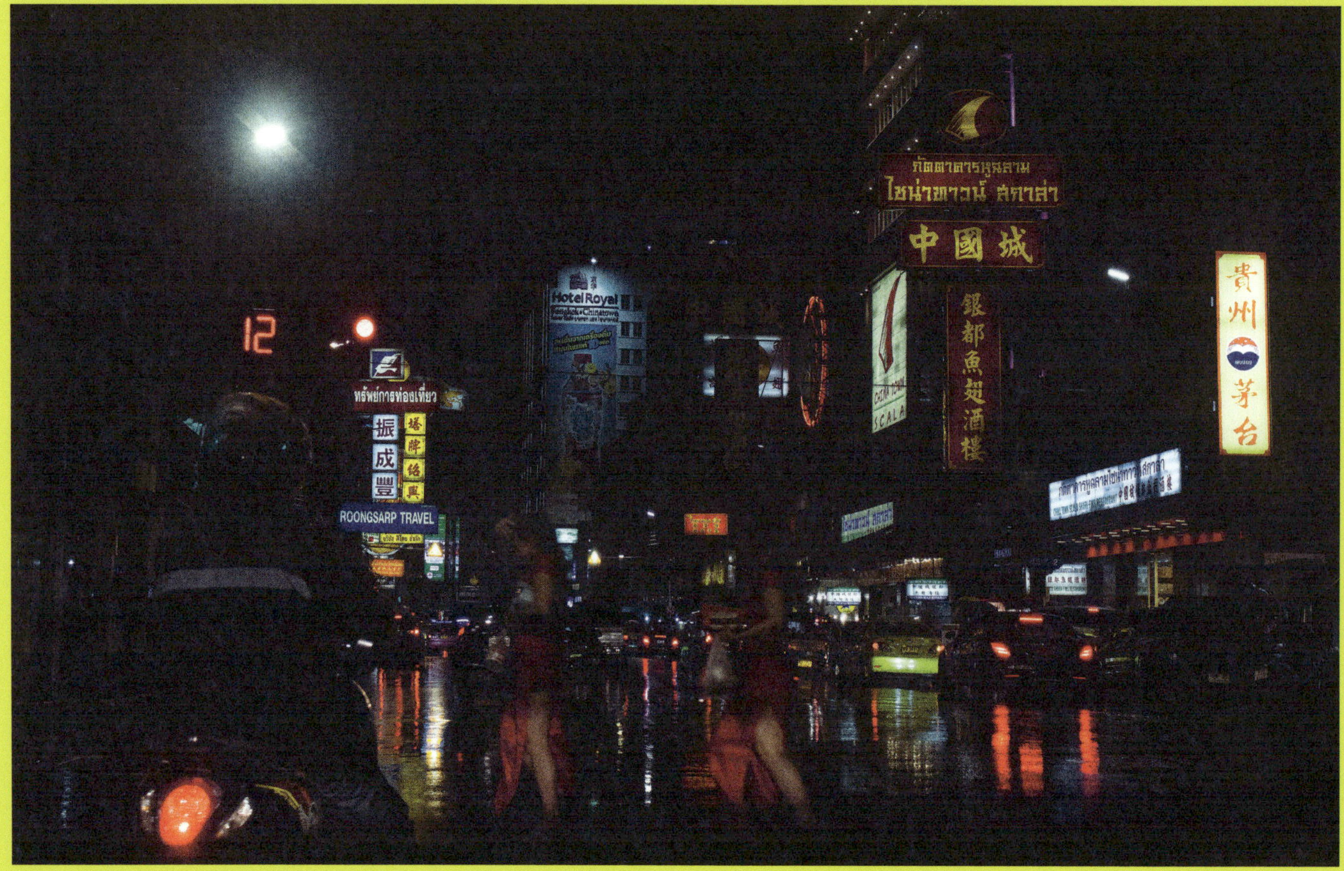
中國城
銀都魚翅酒樓
貴州
茅台
Hotel Royal
12
振成豐
ROONGSARP TRAVEL
SCALA

ABENDS

Bangkok schläft nie, jedenfalls, wenn man die kulinarische Szene betrachtet. Nach Sonnenuntergang herrscht in der Stadt eine unwiderstehliche nächtliche Atmosphäre, die Touristen und Einheimische gleichermaßen auf die Straßen lockt. Das Abendessen spielt eine große Rolle für die Thailänder: Familien versammeln sich um den Esstisch, teilen hausgemachte Mahlzeiten und Neuigkeiten miteinander; andere entspannen beim Bier und einer Reihe von Gerichten nach einem harten Arbeitstag; und diejenigen, die auswärts essen wollen, sehen sich einer unendlich großen Auswahl gegenüber. Bangkok ist die Stadt des Streetfoods, und die beste Art, die kulinarische Kultur Thailands zu erkunden, ist ein Besuch einer der vielen Garküchen, die die Straßen säumen.

Ein typisches Thai-Abendessen kann Currys, Salate, Wok-Gerichte und Suppen umfassen, zu denen gedämpfter Jasmin-Reis gereicht wird. Es können aber auch Einzelgerichte mit Nudeln oder Reis gegessen werden; es gibt keine festen Regeln, was wann gegessen wird. Desserts können einfache Obstplatten sein oder Sago in Kokoscreme und süßer Klebreis. Die Teestände der Stadt bieten schwarzen Kaffee im Thai-Stil, Milchtee und Weißbrot mit *kaya* (Kokoskonfitüre) oder Pandan-Pudding bis spät in der Nacht an.

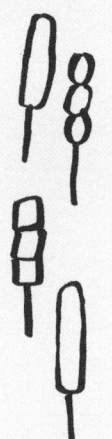

Die Auswahl beschränkt sich nicht auf Thai-Food, auch die chinesische, italienische, französische, koreanische und japanische Küche werden von den Einwohnern geliebt. Yaowarat, die Chinatown Bangkoks, ist der naheliegend Ort für chinesische Restaurants; in Sathorn und Sukhumvit haben sich mit Michelin-Sternen ausgezeichnete Restaurants angesiedelt, die Degustationsmenüs mit Cocktails und Wein oder japanische Omakase-Menüs mit Sake, bei denen der Koch entscheidet, was er seinen Gästen serviert, anbieten. Und wenn Sie nach dem Essen tagsüber gar keinen Appetit mehr haben, bleiben immer noch Bangkoks viele Rooftop-Bars, um den Sonnenuntergang und den Ausblick auf die Stadt zu genießen.

Während die Menschenmengen langsam verschwinden und die Straßen leerer werden, bieten die Straßenhändler den letzten Nachzüglern immer noch Essen an. Beim nächtlichen Ausflug zu später Stunde bekommt man in einer Straße noch *tom jeut pla meuk yad sai* (Suppe mit gefülltem Tintenfisch) und *hoy tod* (Knuspriges Austern-Omelett), während in der nächsten Straße *tod mun goong* (Garnelenkuchen) und *khao tom pla kra pong* (Reissuppe mit Barramundi) aufgetischt werden. Noch um Mitternacht auf der Straße zu essen ist ganz normal in Bangkok, manche Garküchen bleiben sogar bis zum Morgen geöffnet. Für die Nachteulen unter den Besuchern Bangkoks ist das späte Essen eines der größten Vergnügen, die die Stadt bietet.

HOY TOD

Knuspriges Austern-Omelett

Hoy tod gehört zu den Gerichten, für die jede Region Thailands eine eigene Variante kennt. Ursprünglich aus China stammend hat sich das Rezept für *hoy tod* den thailändischen Gaumen angepasst und besteht hauptsächlich aus drei Zutaten: Mehl, Eier und Austern (oder Muscheln). Es gilt als eines der besten Streetfood-Gerichte in Bangkok, und die Verkäufer sind leicht an ihrem Markenzeichen zu erkennen, den riesigen Metallpfannen, in denen das heiße Öl zischt. *Hoy tod* sollte frisch zubereitet und heiß gegessen werden, denn wenn das Omelett abkühlt, ist es nicht mehr knusprig.

Für 2 Personen

1 EL Reismehl

1 EL Tapiokamehl

2 EL Weizenmehl

1 Msp. feines Meersalz

½ TL frisch gemahlener weißer Pfeffer, plus mehr zum Servieren

1 EL Backpulver

70 ml Eiswasser oder Mineralwasser

12 Austern, ausgelöst

80 ml Pflanzenöl

1 Knoblauchzehe, fein gehackt

1 Ei, verquirlt

90 g Bohnensprossen

1 EL Sojasauce

Koriandergrün und gehackter Schnittknoblauch, zum Servieren

Dip

60 ml Sriracha (siehe Glossar)

1 EL feiner Zucker

¼ TL feines Meersalz

1 EL Weißweinessig

1 Für den Dip in einem kleinen Topf Sriracha, Zucker, Salz, Essig und 1 Esslöffel Wasser bei mittlerer Temperatur erhitzen. Umrühren, bis sich der Zucker aufgelöst hat, vom Herd nehmen und beiseitestellen.

2 In einer Schüssel die Mehlsorten, Salz, Pfeffer, Backpulver und Eiswasser vermischen. Die Austern hinzufügen und gründlich unterrühren, dann beiseitestellen.

3 In einem Wok oder einer großen Pfanne mit schwerem Boden das Öl bei mittlerer Temperatur erhitzen und den Knoblauch darin anschwitzen. Die Austern-Teig-Mischung in den Wok geben, mit einem Pfannenheber gleichmäßig verteilen und 1 Minute garen, bis die Unterseite zu bräunen beginnt. Das verquirlte Ei hinzufügen und mit dem Pfannenheber gleichmäßig verteilen und weitergaren, bis die Unterseite des Omeletts goldbraun ist. Das Omelett wenden und 3–5 Minuten auf der anderen Seite goldbraun und knusprig braten. Auf eine Platte legen und beiseitestellen.

4 In demselben Wok oder der Pfanne die Bohnensprossen in der Sojasauce 30 Sekunden garen. Vom Herd nehmen und auf eine Servierplatte geben. Das Omelett darauflegen, mit Koriander und Schnittknoblauch bestreuen, mit weißem Pfeffer würzen und mit dem Dip servieren.

Tod mun goong

Frittierte Garnelenküchlein

Tod mun pla (Fischküchlein) und *tod mun goong* (Garnelenküchlein) sind eine Methode der Thai-Köche, keine Lebensmittel wegzuwerfen. Für Fischküchlein wird Fisch (und manchmal zusätzlich Garnelen) fast zu Püree zerdrückt, mit Currypaste und Schlangenbohnen vermischt und dann frittiert. Für die Garnelenküchlein wird die Garnelenmasse vor dem Frittieren in Panko (japanischen Semmelbröseln) gewälzt, was sie knuspriger macht. Dazu wird meist ein süßer Pflaumen-Dip gereicht oder auch Gurkenrelish (Seite 194). *Tod mun* stammt aus Zentralthailand und war schon immer ein Teil der einheimischen Küche.

Für 4–6 Personen

1 EL ganze weiße Pfefferkörner

2 Knoblauchzehen

2 Korianderwurzeln, sauber abgebürstet

500 g Riesengarnelen (ohne Schale), fein gehackt

120 g Schweinespeck, fein gehackt

2 EL Garnelenfett oder Tomalley (Krebsfett oder Hummerpaste, siehe Tipp)

2 EL Austernsauce

2 EL Sojasauce

130 g Weizenmehl

1 Ei, verquirlt

120 g Panko (japanische Semmelbrösel)

1 l Pflanzenöl, zum Frittierten

Gurkenrelish (Seite 194), zum Servieren

Dip

1 EL ganze weiße Pfefferkörner

1 EL Kreuzkümmelsamen, geröstet

5 eingelegte Pflaumen (siehe Glossar), entsteint und fein gehackt

3 EL Einlegeflüssigkeit der Pflaumen

250 g feiner Zucker

1 EL feines Meersalz

2 EL Weißweinessig

5 Knoblauchzehen, fein gehackt

4 Nelken

1 Zimtstange

2 Koriandersamen

1 Für den Dip in einem Mörser die weißen Pfefferkörner zu einem feinen Pulver zerstoßen. In einen Topf geben und mit 500 ml Wasser und den restlichen Zutaten bei mittlerer Temperatur zum Kochen bringen. Die Temperatur reduzieren und 20 Minuten köcheln lassen, bis die Pflaumen sehr weich sind. Durch ein Sieb in eine luftdicht verschließbare Frischhaltebox oder ein Vorratsglas füllen, beiseitestellen und auf Raumtemperatur abkühlen lassen. Im Kühlschrank hält sich der Dip 2–3 Tage.

2 In einem Mörser die weißen Pfefferkörner zu einem feinen Pulver zerstoßen, dann den Knoblauch und die Korianderwurzeln hinzufügen und zu einer feinen Paste zermahlen. Die Paste in eine große Schüssel umfüllen, dann gehackte Garnelen, Schweinespeck, Garnelenfett, Austernsauce und Sojasauce hinzufügen und gründlich vermischen. Die Masse zu einer Kugel formen und auf den Boden der Schüssel werfen, sodass ein lautes Klatschen zu hören ist. So für 5 Minuten verfahren, bis die Masse andickt und klebrig wird.

3 Mit angefeuchteten Händen eine golfballgroße Portion der Masse abnehmen und zu einem Küchlein von 4–5 cm Durchmesser flach drücken. Das Küchlein auf ein Blech legen und die restliche Masse ebenso verarbeiten.

4 Für das Panieren eine Schüssel mit Mehl, eine Schüssel mit verquirltem Ei und eine großen Platte oder ein Blech mit dem Panko vorbereiten. Die Garnelenküchlein zuerst im Mehl wälzen, dann im Ei und zuletzt im Panko, dabei die Küchlein etwas andrücken, damit die Semmelbrösel gut haften.

5 In einem Wok oder einer tiefen Pfanne mit schwerem Boden das Öl bei mittlerer Temperatur erhitzen, bis ein in das Öl geworfener Brotwürfel in 30 Sekunden bräunt – auf etwa 180 °C. Die Garnelenküchlein darin goldbraun frittieren, dann mithilfe eines Schaumlöffels aus dem Öl nehmen und auf Küchenpapier abtropfen lassen. Heiß mit dem Dip und dem Gurkenrelish servieren.

Tipp

Garnelenfett und Tomalley sind gebräuchliche Zutaten in der Thai-Küche. Garnelenfett ist die cremige Substanz, die sich in der Körperhöhle von Garnelen befindet, Tomalley stammt von Hummern. Garnelenfett ist in Asia-Supermärkten erhältlich, meist unter der Bezeichnung »Shrimp Paste in Oil« oder »Shrimp Fat in Oil«. Für dieses Rezept empfehlen wir frisches Garnelenfett oder Tomalley, aber auch die abgepackte Paste kann verwendet werden.

TOM YUM GOONG MA PRAOW AON

Sauer-scharfe Garnelensuppe mit junger Kokosnuss

Tom yum ist eines der bekanntesten Gerichte Thailands und kommt vielen als Erstes in den Sinn, wenn sie an Thai-Food denken. Eigentlich aus Zentralthailand stammend ist *tom yum* heutzutage überall im Land zu finden – wie auch in jedem Thai-Restaurant außerhalb des Landes. Mit seinen komplexen Kräuteraromen und dem charakteristischen salzig-säuerlich-scharfen Geschmack verkörpert das Gericht geradezu die Thai-Küche – Alles-in-einer-Schale-Suppe. Es gibt zwei Sorten *tom yum*: als klare Brühe, die traditionelle Version, und als sämigere Suppe mit Kokosmilch, die moderne und cremigere Variante. Dieses Rezept ist für die traditionelle klare *tom yum*, die sehr einfach zuzubereiten ist.

Für 2–4 Personen

400 g Tigergarnelen

1 l Schweinebrühe (Seite 192), Hühnerbrühe (Seite 193) oder Wasser

1 EL feines Meersalz

4–8 rote Bird's-Eye-Chilis, plus mehr, falls gewünscht

2 Stängel Zitronengras, grob gehackt

1 ganze kleine Galangalwurzel (Thai-Ingwer), in 5 Stücke geschnitten

4 Kaffirlimettenblätter, in Stücke gezupft

2 EL Fischsauce, plus mehr, falls erforderlich

3 EL Limettensaft, plus mehr, falls erforderlich

Fruchtfleisch von 1 jungen Kokosnuss, in Stücke gezupft, zum Servieren

Koriandergrün, zum Servieren

gedämpfter Jasmin-Reis, zum Servieren

1 Die Garnelen schälen und vom Darm befreien, die Köpfe und Schalen in einen Durchschlag geben und das Garnelenfleisch beiseitestellen. Die Köpfe und Schalen unter kaltem fließendem Wasser abspülen und beiseitestellen.

2 In einem großen Topf bei mittlerer Temperatur die Brühe mit Salz erhitzen, dabei umrühren, damit sich das Salz auflöst. Die Garnelenköpfe und die Schalen hinzufügen, zum Kochen bringen und 10–15 Minuten garen, bis das rote Öl aus den Garnelenköpfen an die Oberfläche steigt. Vom Herd nehmen und die Flüssigkeit durch ein Sieb in einen zweiten großen Topf gießen, dabei die Köpfe und Schalen etwas pressen, um so viel Geschmack wie möglich herauszubekommen. Die Köpfe und Schalen entsorgen.

3 In einem Mörser die Chilis, das Zitronengras und die Galangalwurzel zerdrücken und mit den Kaffirlimettenblättern in den Topf geben. Die Brühe wieder auf den Herd stellen und zum Kochen bringen.

4 Die Fischsauce und die Garnelen hinzufügen und ohne Deckel garen, bis die Garnelen sich verfärben. Sofort vom Herd nehmen und den Limettensaft unterrühren.

5 Die Suppe abschmecken – sie sollte ein ausgewogenes Verhältnis salziger, saurer und würziger Noten haben. Mit Fischsauce, Limettensaft oder zerdrückten Chilis nachwürzen, falls erforderlich.

6 Die Suppe in Schalen schöpfen und mit dem Kokosfruchtfleisch und dem Koriander bestreuen. Heiß mit gedämpftem Jasmin-Reis servieren.

TOM JEUT PLA MEUK YAD SAI

Suppe mit gefülltem Tintenfisch

Diese Suppe gehört zu den Gerichten, die in Thailand gern zu Hause gekocht werden. *Pla meuk*, mit Schweinehack gefüllter Tintenfisch, wird in einer milden Suppe angerichtet, meist mit Reis oder Nudeln. Die Textur des gefüllten Tintenfischs ist großartig, besonders der Kontrast zwischen dem weich-elastischen Tintenfisch und der weichen Füllung. In Bangkok ist dieses Gericht häufig als Nachtimbiss bei den Straßenhändlern im Angebot und wird meist mit einer Schale Reis oder Reissuppe (Seite 135) serviert.

Für 2 Personen

5 Knoblauchzehen, gehackt

1 TL ganze weiße Pfefferkörner

2 Korianderwurzeln, sauber abgebürstet und gehackt

6 kleine Tintenfische, gesäubert, die Tentakel entfernt und zurückbehalten

100 g Schweinehack

1½ TL Austernsauce

2 EL Sojasauce

500 ml Schweinebrühe (Seite 192) oder Hühnerbrühe (Seite 193)

1 TL feines Meersalz

½ TL feiner Zucker

½ Stange Chinesischer Sellerie (siehe Glossar), in feine Scheiben geschnitten

1 In einem Mörser den Knoblauch, die Pfefferkörner und die Korianderwurzeln zu einer feinen Paste zermahlen und diese in eine große Schüssel geben.

2 Die Tentakel fein hacken und mit dem Schweinehack in die Schüssel geben. Die Austernsauce und 1 EL Sojasauce hinzufügen und unterrühren. Abdecken und im Kühlschrank 30 Minuten bis 1 Stunde marinieren.

3 Die Tintenfischtuben mit der Hackmasse füllen, dabei fest stopfen. Jeden gefüllten Tintenfisch zwei- bis dreimal quer einschneiden und beiseitestellen.

4 In einem großen Topf die Brühe, das Salz, den Zucker und 250 ml Wasser bei mittlerer Temperatur zum Kochen bringen. Den gefüllten Tintenfisch hineingeben, die Temperatur reduzieren und 5 Minuten köcheln lassen, bis die Hackfüllung gar ist.

5 Die restliche Sojasauce unterrühren, den Chinesischen Sellerie hinzufügen und vom Herd nehmen. Die Suppe und den Tintenfisch auf zwei Schalen verteilen und sofort servieren.

KHAO TOM PLA KRA PONG

Reissuppe mit Barramundi

Khao tom ähnelt *jok* (Reisporridge, Seite 30), wird aber eher als Abendessen oder Nachtmahl serviert als zum Frühstück. Traditionell wird der Jasmin-Reis sanft in einem Tontopf gegart, doch während *jok* eine cremige Konsistenz hat, behält der Reis in *khao tom* seine Form. Das Gericht wird meist mit Fisch und Meeresfrüchten serviert, und die Frische der Zutaten ist ausschlaggebend für diese delikate Suppe. Eine Schale *khao tom* ist eine leichte und wohltuende Speise, um den Tag zu beenden.

Für 3 Personen

450 ml Schweinebrühe (Seite 192)

1 kleiner ganzer Barramundi, gesäubert, filetiert und in 3–4 cm breite Stücke geschnitten, die Gräten zurückbehalten

250 g Jasmin-Reis

3 EL Traubenkernöl

2 Knoblauchzehen, grob gehackt

1 EL Fischsauce

1 TL Sojasauce

1 TL frisch gemahlener weißer Pfeffer

1 EL eingelegter Chinakohl nach Tianjin-Art (siehe Tipp), grob gehackt

5 g Sellerieblätter, fein gehackt

1 Frühlingszwiebel, in feine Ringe geschnitten

10 g junger Ingwer, geschält und in feine Streifen geschnitten

1 In einem großen Topf die Schweinebrühe und 350 ml Wasser bei hoher Temperatur zum Kochen bringen. Die zurückbehaltenen Fischgräten darin 5 Minuten kochen, dann die Brühe durch ein feines Sieb in ein großes Gefäß gießen. Den großen Topf säubern.

2 Den Reis ein- oder zweimal abspülen und abgießen, dann mit drei Viertel der Brühe in den sauberen Topf geben und bei niedriger bis mittlerer Temperatur köcheln lassen, bis der Reis gar ist.

3 In einer beschichteten Pfanne das Öl bei mittlerer Temperatur erhitzen und den Knoblauch 4–5 Minuten darin anschwitzen. Mithilfe eines Schaumlöffels den Knoblauch aus dem Öl nehmen und beiseitestellen.

4 Die Barramundi-Stücke in dem verbliebenen Öl fast gar braten, dann Fischsauce, Sojasauce und weißen Pfeffer hinzufügen. Die restliche Brühe in die Pfanne gießen, den eingelegten Tianjin-Kohl hinzufügen und 2 Minuten garen. Den Fisch samt Kochflüssigkeit in den Topf mit dem gegarten Reis geben und vorsichtig unterrühren.

5 Die *khao tom* auf drei Schalen verteilen und mit dem gebratenen Knoblauch, Sellerieblättern, Frühlingszwiebel und jungem Ingwer bestreuen.

Tipp

Mit »Tianjin preserved vegetable« wird eingelegter Kohl bezeichnet, wie er in Tianjin in China zubereitet wird. Im Glas ist er in Asia-Supermärkten zu bekommen.

Tom kha gai

Hühnersuppe mit Kokoscreme

Tom kha wird mit ähnlichen Kräutern und Gewürzen zubereitet wie *tom yum* (Seite 131), doch Kokoscreme macht die Brühe reichhaltiger und cremiger. *Kha*, die Galangalwurzel, ist der Star des Gerichts und gibt der Suppe ein mildes, würziges Aroma. Außerhalb Thailands zwar nicht ganz so bekannt wie *tom yum*, ist *tom kha* bei den Einheimischen sehr beliebt und hat auch international viele Fans.

Für 2–4 Personen

1 Stängel Zitronengras, in dünne Ringe geschnitten

3 kleine rote Thai-Schalotten, geschält

6 rote Bird's-Eye-Chilis, 4 in Ringe geschnitten

500 ml Hühnerbrühe (Seite 193)

500 g Kokoscreme

1 Msp. feines Meersalz

1 TL geriebener Palmzucker

10 Scheiben junge Galangalwurzel (Thai-Ingwer)

2 Kaffirlimettenblätter, in Stücke gezupft

100 g Reisstrohpilze oder kleine Austernpilze

100 g Hähnchenbrust ohne Haut oder Hähnchenkeule ohne Knochen, in Stücke geschnitten

2–3 EL Fischsauce

1–2 EL Limettensaft

30 g Koriandergrün, grob gehackt, plus einige ganze Blättchen zum Servieren

1 In einem Mörser kurz das Zitronengras, die Schalotten und die beiden ganzen Chilis zerdrücken. In einen Topf geben und die Hühnerbrühe und die Kokoscreme hinzufügen. Bei mittlerer Temperatur zum Kochen bringen und Salz, Palmzucker, Galangal und Kaffirlimettenblätter hinzufügen.

2 Damit die Aromen sich entfalten, 2–3 Minuten köcheln lassen, dann die Pilze und die Hähnchenstücke hinzufügen. Die Temperatur reduzieren und köcheln lassen, bis das Hähnchenfleisch gar ist.

3 Den Großteil der Chiliringe in eine große Schüssel geben. Fischsauce, Limettensaft und Korianderblättchen hinzufügen und vermischen. Die Suppe hineinschöpfen, umrühren und abschmecken; sie sollte ausgewogen salzig, säuerlich und scharf schmecken. Mit Fischsauce und Limettensaft nachwürzen, falls erforderlich.

4 Die Suppe in Schalen schöpfen und mit den restlichen Chiliringen und einigen Korianderblättchen bestreut servieren.

Currys

Ursprünglich von den Zutaten und Kochtechniken geprägt, die durch den Handel und Einwanderer nach Thailand gelangten, haben sich Thai-Currys über zahllose Generationen und viele Jahrhunderte weiterentwickelt. Jede Region kennt eigene Curry-Varianten, mit Zutaten und Aromen, die jeweils von Klima, Landschaft und Bevölkerung beeinflusst sind.

Die Curry-Gerichte aus dem Norden zeigen Einflüsse der burmesischen Küche und enthalten weniger Kokoscreme und mehr getrocknete Gewürze als Currys aus anderen Teilen Thailands. Dagegen weisen die Curry-Gerichte aus dem Süden und den dortigen muslimischen Gemeinden mehr Gemeinsamkeiten mit den Currys in Malaysia, Indonesien und Indien auf,

mit Zutaten wie Kardamom, Kreuzkümmel und Kokoscreme. Currys aus dem Nordosten ähneln in vieler Hinsicht denen in Laos, und Zentralthailand hat wiederum eigene Versionen. In Bangkok, das Menschen aus dem ganzen Land anzieht, stehen die Chancen gut für Besucher und Einheimische, Curry in allen Varianten Thailands essen zu können.

Die wichtigste Zutat für ein gutes Thai-Curry ist die Currypaste. Die Grundzutaten vieler Pasten sind die gleichen Kräuter und Gewürze – Galangal, Zitronengras, rote Thai-Schalotten und Knoblauch sind am gebräuchlichsten – und sorgen für die typisch komplexen Aromen der Currys. Die Paste wird zerstoßen und zermahlen, bis sie eine glatte Konsistenz aufweist, da grobe Currypasten dem fertigen Gericht eine unerwünscht ungleichmäßige Textur geben.

Thai-Köche verwenden dafür Mörser und Stößel. Da die Zutaten zermahlen und nicht gehackt werden, entstehen sehr feine Pasten, zudem holt das Zerstoßen mehr Geschmack aus Kräutern und Gewürzen heraus. Pasten aus dem Mörser sind einfach besser als Pasten aus dem Mixer.

Fertige Currypasten sind sowohl in Supermärkten als auch in Spezialgeschäften leicht zu finden, doch Aroma und Geschmack einer frisch zubereiteten Currypaste sind einfach unschlagbar. Auf den nächsten Seiten folgen einige unserer Lieblingscurrys, und obwohl es zeitaufwendig ist, eigene Pasten herzustellen, wollen wir Sie ermuntern, es zumindest auszuprobieren – das Ergebnis wird Sie für Ihre Mühen belohnen.

GAENG KHEAW WAN GAI

Grünes Curry mit Hähnchen

Gaeng kheaw wan ist schon seit der Zeit des Ayutthaya-Königreichs (1351–1767) Bestandteil der Thai-Küche. Ursprünglich enthielten Thai-Currys keine Kokoscreme, doch im Lauf der Zeit änderte sich das, und so gibt es heute die Kokoscreme-Currys, wie wir sie lieben. Das Grüne Curry verdankt seinen Namen und seine Farbe den grünen Chilis (und manchmal auch Chiliblättern) in der verwendeten Currypaste.

Für 4 Personen

500 g Kokoscreme

2 EL Grüne Currypaste

1 EL geriebener Palmzucker (nach Belieben)

300 g Hähnchenkeule ohne Haut und Knochen, in Stücke geschnitten

1½ EL Fischsauce

250 ml Hühnerbrühe (Seite 193) oder dünnflüssige Kokosmilch

50 g Auberginen

50 g Thai- oder runde Auberginen

30 g Thai-Basilikum (siehe Glossar)

2 lange rote Chilis, diagonal in Ringe geschnitten

2 Kaffirlimettenblätter, in sehr feine Streifen geschnitten

gedämpfter Jasmin-Reis, zum Servieren

Grüne Currypaste (siehe Tipp)

½ TL Koriandersamen

¼ TL Kreuzkümmelsamen

½ EL weiße Pfefferkörner

2 EL gehackte grüne Bird's-Eye-Chili

1 TL feines Meersalz

3 Korianderwurzeln, sauber abgebürstet und gehackt

1 Kaffirlimettenblatt, sehr fein gehackt

2 cm großes Stück Galangalwurzel (Thai-Ingwer), gehackt

1 Stängel Zitronengras, in feine Ringe geschnitten

1 cm großes Stück Kurkuma, gehackt

1½ rote Thai-Schalotten, gewürfelt

4 Knoblauchzehen, gehackt

1 TL *gapi* (fermentierte Garnelenpaste; siehe Glossar)

1 Für die Currypaste in einer Pfanne ohne Fett die Koriander- und Kreuzkümmelsamen bei niedriger Temperatur rösten, bis sie zu duften beginnen und Farbe annehmen. Vom Herd nehmen und mit den weißen Pfefferkörnern in einen Mörser geben. Die Gewürze zu Pulver zerstoßen und in einer Schüssel beiseitestellen.

2 Die Chili und das Salz im Mörser zu einer Paste zermahlen. Nach und nach Korianderwurzel, Kaffirlimettenblatt, Galangal, Zitronengras, Kurkuma, Schalotte und Knoblauch hinzufügen, dabei jede neue Zutat zunächst zerstoßen. Zuletzt *gapi* und die gerösteten Gewürze untermischen und die Mischung zu einer gleichmäßigen, glatten Paste verrühren und zerstoßen. Beiseitestellen.

3 In einem Wok die Kokoscreme bei mittlerer bis hoher Temperatur trennen, also das Öl von den festen Bestandteilen separieren. Die Currypaste und nach Belieben den Palmzucker hinzufügen und gründlich umrühren, damit sich alles vermischt und die Paste nicht anbrennt.

4 Das Hähnchenfleisch hinzufügen und 1–2 Minuten garen. Mit der Fischsauce würzen und die Brühe hinzufügen sowie beide Sorten Auberginen, dann zum Kochen bringen. Die Temperatur reduzieren und mit aufgelegtem Deckel 4–5 Minuten köcheln lassen.

5 Den Großteil der Basilikumblättchen und die Hälfte der Chilis hinzufügen, den Rest zum Servieren zurückbehalten und 30 Sekunden unterrühren. Vom Herd nehmen.

6 Das Curry in eine Servierschüssel umfüllen und mit den Kaffirlimettenblättern und dem restlichen Basilikum und Chilis bestreuen. Mit gedämpftem Jasmin-Reis servieren.

Tipp

Das Rezept ergibt mehr Currypaste, als benötigt wird. In einem Vorratsglas hält sich die restliche Paste im Kühlschrank 2–3 Tage.

PU PAD PONG GARI

Trockenes gelbes Curry mit Butterkrebs

Pong gari ist eine Gewürzmischung, die Knoblauch, Ingwer, Kurkuma, Zimt, Kreuzkümmel und Koriander enthält. Obwohl das Currypulver einen indischen Ursprung hat, ist es wahrscheinlich eine Erfindung der britischen Kolonialherren, die zu Hause versuchten, indische Gewürzmischungen wie *garam masala* nachzuempfinden. Currypulver gibt diesem Gericht seinen typischen Duft, und die subtile Schärfe von *pong gari* in Kombination mit dem süßen Umami-Geschmack der Butterkrebse macht das Curry zu einem besonderen Gericht für spezielle Anlässe. Trotz seiner Beliebtheit als Festmahlzeit ist es in Bangkok schwer zu finden, es steht meist nur auf den Speisekarten der teureren Restaurants, und auch dort nur dann, wenn Butterkrebse zu bekommen sind.

Für 2 Personen

4 lebende Butterkrebse

2 Eier, verquirlt

1 EL Sojasauce

1 TL feiner Zucker

1 EL Currypulver

2 EL *nam prik pao* (Thai-Chilipaste; siehe Glossar)

150 ml Kondensmilch

3 EL Pflanzenöl

4 Knoblauchzehen, fein gehackt

½ Zwiebel, in feine Ringe geschnitten

2 TL ganze weiße Pfefferkörner, gemahlen

2 Frühlingszwiebeln, in 3 cm lange Stücke geschnitten

2 Stangen Chinesischer Sellerie (siehe Glossar), in 4 cm lange Stücke geschnitten

2 lange rote Chilis, diagonal in Scheiben geschnitten

1 Die Krebse einschläfern, indem sie 25–30 Minuten tiefgekühlt werden. Mithilfe einer Küchenschere die Gesichter der Butterkrebse herausschneiden, hinter den Augen und der Mundpartie entlang. Jeweils die linke Ecke der oberen Krebsschale anheben und die beigefarbenen Kiemen unterhalb herausnehmen, dann auf der rechten Seite wiederholen. Die Butterkrebse umdrehen und den Magensack herausnehmen, dann die Krebse mit einem Hackmesser oder großem Messer in der Mitte durchtrennen. Die Krebsteile unter fließendem Wasser abspülen.

2 In einem Topf die Krebsteile und 750 ml Wasser bei mittlerer Temperatur zum Kochen bringen. Den Deckel auflegen und 20 Minuten garen. In einen Durchschlag abgießen und die Krebsteile beiseitestellen.

3 In einer Schüssel Eier, Sojasauce, Zucker, Currypulver, Chilipaste und Kondensmilch vermischen und beiseitestellen.

4 In einem Wok das Öl bei hoher Temperatur erhitzen und den Knoblauch darin anschwitzen. Die Krebsteile und die Zwiebel hinzufügen und 1 Minute pfannenrühren.

5 Die Eiermasse hinzufügen und 30 Sekunden bis 1 Minute garen, dabei stetig umrühren, bis das Ei stockt. Dann weißen Pfeffer, Frühlingszwiebel, Chinesischen Sellerie und Chili hinzufügen und 1–2 Minuten pfannenrühren. Vom Herd nehmen und sofort servieren.

gaeng massaman nue

Massaman-Curry mit Rindfleisch

Gaeng massaman zählt zu den klassischen Thai-Currys, hat vermutlich aber seine Wurzeln in der Küche Malaysias – kaum überraschend angesichts der Tatsache, dass Thailand mit Malaysia eine Grenze teilt und die Heimat der drittgrößten malaiischstämmigen Bevölkerungsgruppe weltweit ist. Es gibt zwei Varianten dieses Gerichts. Die eine aus dem Süden Thailands und den dortigen muslimischen Gemeinden enthält weniger Thai-Kräuter, ist recht trocken und wird mit Brot oder *roti* (Fladenbrot) gegessen. Das folgende Rezept stammt dagegen aus Zentralthailand, wo *gaeng massaman* mit verschiedenen Thai-Kräutern und reichlich Currybrühe zubereitet und mit Reis gegessen wird.

Für 4–6 Personen

250 ml Pflanzenöl, zum Frittieren

500 g Rindfleisch (Rinderbrust oder Nackensteak), in 3–5 cm große Stücke geschnitten

4 Kartoffeln, geschält und geviertelt

9 Perlzwiebeln oder kleine rote Thai-Schalotten, geviertelt

5 grüne Kardamomkapseln

125 ml Kokosmilch oder Wasser

1 l Kokoscreme

100 g geröstete Erdnüsse

1 Zimtstange

3 Lorbeerblätter

120 g Massaman-Currypaste

50 g Palmzucker, fein gerieben, plus mehr, falls gewünscht

3 EL Fischsauce, plus mehr, falls gewünscht

1 EL Tamarindenkonzentrat, plus mehr, falls gewünscht

gedämpfter Jasmin-Reis, zum Servieren

Massaman-Currypaste (siehe Tipp)

1 Sternanis

2 Nelken

2 TL Koriandersamen

½ TL Kreuzkümmelsamen

½ TL frisch geriebene Muskatnuss

2 cm großes Stück Zimt

2 grüne Kardamomkapseln

½ TL gemahlene Mazisblüte

½ TL ganze weiße Pfefferkörner

6 getrocknete rote Chilis, von den Samen befreit, in kaltem Wasser eingeweicht, dann abgegossen

1 EL fein gehackte Galangalwurzel (Thai-Ingwer)

2 ½ EL gehacktes Zitronengras

3 Korianderwurzeln, sauber abgebürstet und fein gehackt

4 rote Thai-Schalotten, fein gehackt

4 Knoblauchzehen, fein gehackt

1 TL feines Meersalz

2 EL geröstete Erdnüsse

1 Für die Currypaste in einer Pfanne ohne Fett nacheinander einzeln Sternanis, Nelken, Koriandersamen, Kreuzkümmelsamen, Muskatnuss, Zimt, Kardamom und Mazisblüte bei niedriger Temperatur rösten, bis sie duften und Farbe annehmen. Vom Herd nehmen und im Mörser mit den weißen Pfefferkörnern zu einem feinen Pulver zermahlen, in eine Schüssel sieben und beiseitestellen.

2 In einem Wok ohne Fett Chilis, Galangal, Zitronengras und Korianderwurzel bei mittlerer Temperatur Farbe annehmen lassen, dabei stetig umrühren. Die Schalotten und den Knoblauch hinzufügen und weitere 3–4 Minuten goldbraun rösten. In einen Mörser umfüllen.

3 Im Mörser Chilis, Galangal, Zitronengras, Korianderwurzel, Schalotte und Knoblauch zu einer glatten Paste zerstoßen. Die gerösteten Gewürze hinzufügen und die Mischung weiter zerstoßen und umrühren, damit sich alles gut vermischt. Die Paste in eine kleine Schüssel umfüllen und das Salz und die Erdnüsse hinzufügen. Beiseitestellen.

4 In einem Wok oder einem hohen Topf mit schwerem Boden das Öl bei mittlerer Temperatur erhitzen, bis ein in das Öl geworfener Brotwürfel in 30 Sekunden bräunt – auf etwa 180 °C. Die Rindfleischstücke darin goldbraun frittieren, dann mithilfe eines Schaumlöffels aus dem Öl nehmen und auf Küchenpapier abtropfen lassen. Mit den Kartoffeln und den Zwiebeln ebenso verfahren.

5 In einer Pfanne ohne Fett den Kardamom bei niedriger Temperatur rösten, bis er duftet und Farbe annimmt. Vom Herd nehmen.

6 Die Rindfleischstücke in einen großen Topf geben, zusammen mit der Kokosmilch oder dem Wasser und der Hälfte der Kokoscreme. Bei mittlerer bis hoher Temperatur zum Kochen bringen und geröstete Kardamomkapseln, Erdnüsse, Zimt und Lorbeerblätter hinzufügen. Die Temperatur reduzieren, den Deckel auflegen und 1 Stunde köcheln lassen.

7 Inzwischen in einem Wok die restliche Kokoscreme bei mittlerer bis hoher Temperatur trennen, also das Öl von den festen Bestandteilen separieren. Die Currypaste hinzufügen und 10 Minuten rösten, dabei gründlich umrühren, damit sich alles vermischt und die Paste nicht anbrennt. Den Palmzucker hinzufügen und umrühren, bis er sich aufgelöst hat und zu karamellisieren beginnt. Die Fischsauce und das Tamarindenkonzentrat 2 Minuten unterrühren. Vom Herd nehmen und beiseitestellen, bis das Rindfleisch fertig ist.

8 Die Currypaste zum Rindfleisch hinzufügen, die Temperatur herunterstellen und 30 Minuten köcheln lassen. Die Kartoffeln und die Zwiebeln hinzufügen und weitere 30–40 Minuten köcheln lassen. Abschmecken; das Curry sollte ausgewogen salzig, säuerlich und scharf schmecken. Mit Palmzucker, Tamarindenkonzentrat oder Fischsauce nachwürzen, falls erforderlich.

9 Heiß mit gedämpftem Jasmin-Reis servieren.

Tipp
Das Rezept ergibt mehr Currypaste, als benötigt wird. In einem Vorratsglas hält sich die restliche Paste im Kühlschrank 2–3 Tage.

Gaeng daeng ped
Rotes Curry mit Ente

Wie der Name schon vermuten lässt, hat *gaeng daeng* (»rotes Curry«) eine rote Färbung. Außerhalb Thailands ist das Curry eines der beliebtesten Thai-Gerichte, und auch die Einheimischen mögen es sehr. Ursprünglich wurde es für Mitglieder der königlichen Familie zubereitet, doch längst ist Rotes Curry mit Ente ein Alltagsgericht für alle Thai-Familien geworden. Auf den Märkten findet man dagegen eher eine Variante mit Schweinefleisch und Bambussprossen.

Für 4 Personen

750 g Kokoscreme

750 ml Kokosmilch

75 g Ananas, in Stücke geschnitten

10 Litschis

50 g Thai-Aubergine

300 g gegrillte Ente, in Scheiben geschnitten

2 EL geriebener Palmzucker

100 ml Fischsauce

Tamarindenkonzentrat, zum Abschmecken (nach Belieben)

4 Kaffirlimettenblätter, in Stücke gezupft

2 Thai- oder runde Auberginen, geviertelt

75 g Kirschtomaten

25 g Thai-Basilikum (siehe Glossar)

gedämpfter Jasmin-Reis, zum Servieren

Rote Currypaste

2 Sternanis

4 Siam-Kardamomkapseln

2 EL Koriandersamen

1 TL ganze weiße Pfefferkörner

3 Stücke getrockneter Kleiner Galgant (siehe Glossar)

½ TL frisch geriebene Muskatnuss

1 Lorbeerblatt

1 TL gemahlener Zimt

1 TL gemahlene Mazisblüte

1 EL gemahlener Kreuzkümmel

7 getrocknete rote Chilis, von den Samen befreit, halbiert, in kaltem Wasser eingeweicht, dann abgegossen

7 Bird's-Eye-Chilis

1 TL feines Meersalz

2 TL fein gehackte Korianderwurzel

1 EL fein gehackte Galangalwurzel (Thai-Ingwer)

2 EL in feine Ringe geschnittenes Zitronengras

2 kleine rote Thai-Schalotten, fein gehackt

5 Knoblauchzehen, gehackt

1 TL *gapi* (fermentierte Garnelenpaste; siehe Glossar)

1 Für die Currypaste in einer Pfanne ohne Fett nacheinander einzeln Sternanis, Kardamom, Pfefferkörner, Galgant, Muskat und Lorbeerblatt bei niedriger Temperatur rösten, bis die Gewürze duften und Farbe annehmen. Vom Herd nehmen und in einen Mörser geben. Die Gewürze zu einem feinen Pulver zermahlen, mit Zimt, Mazisblüte und Kreuzkümmel in eine Schüssel sieben und beiseitestellen.

2 Im Mörser die getrockneten und frischen Chilis und das Salz zu einer Paste zerstoßen. Nach und nach Korianderwurzel, Galangal, Zitronengras, Schalotte und Knoblauch hinzufügen, dabei jede neue Zutat zunächst zerstoßen. Zuletzt *gapi* und die gemahlenen Gewürze hinzufügen und die Mischung zu einer gleichmäßigen, glatten Paste verrühren und zerstoßen. Beiseitestellen.

3 In einem Wok die Kokoscreme
bei mittlerer bis hoher Temperatur
trennen, also das Öl von den festen Bestandteilen separieren.
Die Currypaste hinzufügen und
10 Minuten rösten, dabei stetig
umrühren, damit die Paste nicht
anbrennt. Die Kokosmilch hinzufügen und zum Kochen bringen; die
Mischung sollte sämig sein und
eine kräftige orangerote Farbe haben.

4 Dann Ananas, Litschis und
Auberginen hinzufügen, die Temperatur auf mittlere Stufe stellen
und das Ganze 2–3 Minuten garen.
Ente, Palmzucker und Fischsauce
hinzufügen und pfannenrühren,
bis sich der Zucker aufgelöst hat.

5 Abschmecken; wenn das Curry
durch das Obst zu süß ist, mit noch
etwas Tamarindenkonzentrat ausgleichen. Die Kaffirlimettenblätter
hinzufügen und 5 Minuten köcheln
lassen, dann die Thai- oder runden
Auberginen und Kirschtomaten
hinzufügen und garen, bis sie etwas weich werden. Die Basilikumblättchen unterrühren, vom Herd
nehmen und sofort mit gedämpftem Jasmin-Reis servieren.

Im Uhrzeigersinn von links: Trockenes gelbes Curry mit Butterkrebs (Seite 142); Dschungel-Curry mit Schweinefleisch (Seite 154); Rotes Curry mit Garnelen (Seite 150); Gedämpftes Fischcurry (Seite 156); Massaman-Curry mit Rindfleisch (Seite 144).

CHU CHEE GOONG

Rotes Curry mit Garnelen

Chu chee goong ist ein weiteres in Thailand sehr beliebtes Curry. In diesem Rezept wird es mit Garnelen zubereitet, doch auch Fisch, insbesondere Bastardmakrele (einer der für die Thai-Küche üblichen Fische), wird oft verwendet. Das halbtrockene Curry ist gehaltvoll und cremig ohne allzu viel Currysauce und perfekt mit gedämpftem Reis.

Für 2 Personen

250 ml Pflanzenöl

200 g Königsgarnelen oder 1 kg Hummer, halbiert

3 EL rote Currypaste

250 g Kokoscreme

1½ TL geriebener Palmzucker, plus mehr, falls erforderlich

1 EL Fischsauce, plus mehr, falls erforderlich

2 Kaffirlimettenblätter, in sehr feine Streifen geschnitten

15 g Zitronenbasilikum (siehe Glossar)

1 lange rote Chili, von den Samen befreit und diagonal in Ringe geschnitten

1 lange grüne Chili, von den Samen befreit und diagonal in Ringe geschnitten

gedämpfter Jasmin-Reis, zum Servieren

Rote Currypaste (siehe Tipp)

6 getrocknete rote Chilis, von den Samen befreit, in kaltem Wasser eingeweicht, dann abgegossen

5 Kaffirlimettenblätter, sehr fein gehackt

1 ganze kleine Galangalwurzel, in 5 Stücke geschnitten

2 Stängel Zitronengras, in feine Ringe geschnitten

5 kleine rote Thai-Schalotten, fein gehackt

5 Knoblauchzehen, fein gehackt

2 EL *gapi* (fermentierte Garnelenpaste; siehe Glossar)

1 Für die Currypaste die Chilis im Mörser zu einer Paste zermahlen. Nach und nach Kaffirlimettenblatt, Galangal, Zitronengras, Schalotte und Knoblauch hinzufügen, dabei nach Zugabe jeder weiteren Zutat so lange mahlen, bis die Masse glatt ist. Zuletzt *gapi* hinzufügen und die Mischung zu einer gleichmäßigen und glatten Paste zermahlen.

2 In einem Wok oder einer großen Pfanne das Öl bei mittlerer Temperatur erhitzen. Die Garnelen 2 Minuten pfannenrühren, bis sie sich verfärben und gerade gar sind; falls Hummer verwendet wird, den Hummer mit der Fleischseite nach unten 2 Minuten braten, dann umdrehen und braten, bis er gar ist. Mithilfe eines Schaumlöffels aus dem Öl nehmen und warm halten.

3 80 ml des Öl zurückbehalten. Die Currypaste 5 Minuten rösten, dabei stetig umrühren, damit sie nicht anbrennt. Die Kokoscreme hinzufügen und trennen, also das Öl von den festen Bestandteilen separieren, dann den Zucker und die Fischsauce hinzufügen. Die Mischung köcheln lassen, bis sie ölig ist und knistert, dabei etwas Wasser hinzufügen, falls sie zu trocken wird.

4 Das Curry abschmecken; es sollte salzig, scharf und leicht süß sein. Mit Fischsauce oder Palm-zucker nachwürzen, falls erforder-lich.

5 Die Garnelen oder den Hummer auf einer Platte anrichten und das Curry darüberlöffeln. Mit Kaffir-limettenblatt, Basilikum und Chilis bestreuen und mit gedämpftem Jasmin-Reis servieren.

Tipp
Das Rezept ergibt mehr Currypaste, als benötigt wird. In einem Vorratsglas hält sich die restliche Paste im Kühl-schrank 2–3 Tage.

GAENG BPA MOO

Dschungel-Curry mit Schweinefleisch

Gaeng bpa ist eines der wenigen Thai-Currys, das keine Kokoscreme enthält; sein charakteristisches Aroma verdankt es Kaffirlimettenblättern und Zitronenbasilikum. Ein althergebrachtes Curry aus Zentralthailand, das heutzutage im ganzen Land zu finden ist, wobei jede Region eigene Varianten mit anderen Kräutern und Gewürzen oder Proteinlieferanten kennt – am beliebtesten sind Hähnchen, Schweinefleisch und Schlangenkopffisch, ein Fisch, der in der Thai-Küche eine große Rolle spielt.

Für 4 Personen

2 EL Pflanzenöl

3 EL Dschungel-Currypaste

300 g Schweinerippchen (Spareribs)

100 ml Fischsauce

1,2 l Schweinebrühe (Seite 192)

2 TL feiner Zucker

10 Thai- oder runde Auberginen, jeweils in 6 Stücke geschnitten und in Salzwasser gelegt

100 g Aubergine

2 lange rote Chilis, diagonal in Ringe geschnitten, plus mehr, falls erforderlich

1 EL frische grüne Pfefferkörner

1 ganze kleine Ingwerwurzel, in feine Streifen geschnitten

5 Kaffirlimettenblätter, in Stücke gezupft

30 g Zitronenbasilikum (siehe Glossar)

gedämpfter Jasmin-Reis, zum Servieren

Dschungel-Currypaste

10 getrocknete rote Chilis, von den Samen befreit, in kaltem Wasser eingeweicht, dann abgegossen

1 TL feines Meersalz

1 ganze kleine Galangalwurzel, in 5 Stücke geschnitten

1 Stängel Zitronengras, fein gehackt

2 kleine rote Thai-Schalotten

5 Knoblauchzehen, gehackt

1 TL *gapi* (fermentierte Garnelenpaste; siehe Glossar)

1 Für die Currypaste die Chilis und das Salz im Mörser zu einer Paste zermahlen. Nach und nach Galangal, Zitronengras, Schalotten und Knoblauch hinzufügen, nach der Zugabe jeder weiteren Zutat sollte die Masse glatt sein. Zuletzt *gapi* hinzufügen und zu einer gleichmäßigen und glatten Paste zerstoßen und verrühren.

2 In einem großen Topf das Öl bei mittlerer Temperatur erhitzen und die Currypaste darin rösten, dabei stetig umrühren, damit sie nicht anbrennt. Die Schweinerippchen hinzufügen und rundum braun braten, bis sie gar sind, dann mit der Fischsauce ablöschen und alles lösen, was am Topfboden haftet.

3 Die Brühe zu den Schweinerippchen in den Topf gießen und
zum Kochen bringen, dann den
Zucker unterrühren. Die Thai-
Auberginen abgießen, gemeinsam
mit der anderen Aubergine in
den Topf geben und 3–5 Minuten
köcheln lassen, bis das Gemüse
weich ist.

4 Die restlichen Zutaten außer
dem Reis unterrühren, vom Herd
nehmen und abschmecken; das
Curry sollte ausgewogen salzig und
scharf schmecken. Mit weiteren
Chilis oder Fischsauce nachwürzen,
falls erforderlich.

5 Mit gedämpftem Jasmin-Reis
servieren.

HOR MOK PLA

Gedämpftes Fischcurry

Hor mok ist ein Gericht aus dem Nordosten Thailands und aus Laos. In Thailand wird es meist mit Gemüse, Fisch *(pla)* und Currypaste zubereitet, dann in Bananenblätter gewickelt und gegrillt oder gedämpft. Thai-Köche nutzen eine eigens dafür entwickelte Methode des Einpackens in die Bananenblätter. Heutzutage ist *hor mok* nicht mehr nur im Nordosten, sondern im ganzen Land leicht zu finden – und tatsächlich kommt das beste *hor mok* aus Zentralthailand, wo es auf den Märkten sehr verbreitet ist.

Für 4 Personen

200 g weißes Fischfilet, beispielsweise Kabeljau, Merlan oder Barramundi

1 Msp. feines Meersalz

1 EL Limettensaft

80 ml Fischsauce

1 Msp. geriebener Palmzucker

2 EL Reismehl

175 g Kokoscreme

3 EL *Hor mok*-Currypaste

1 Ei, verquirlt

6 Kaffirlimettenblätter, in sehr feine Streifen geschnitten

2 Bananenblätter (nach Belieben)

1 Handvoll Zitronenbasilikum (siehe Glossar)

3 lange rote Chilis, in feine Ringe geschnitten, zum Servieren

Hor mok-Currypaste

5 ganze weiße Pfefferkörner

3 getrocknete rote Chilis, in kaltem Wasser eingeweicht, dann abgegossen und fein gehackt

1 TL feines Meersalz

3 Korianderwurzeln, sauber abgebürstet und fein gehackt

5 Kaffirlimettenblätter, fein gehackt

3 dünne Scheiben Galangal (Thai-Ingwer), fein gehackt

1 Stängel Zitronengras, fein gehackt

2 rote Thai-Schalotten, fein gehackt

5 Knoblauchzehen, fein gehackt

1 Für die Currypaste in einem Mörser die Pfefferkörner zu einem feinen Pulver zerstoßen. Die Chilis und das Salz hinzufügen und zu einer feinen Paste zermahlen. Nach und nach Korianderwurzel, Kaffirlimettenblätter, Galangal, Zitronengras, Schalotten und Knoblauch hinzufügen, dabei jede weitere Zutat zunächst zerstoßen und dann sorgfältig unterrühren.

2 Eine säureunempfindliche Schüssel mit Wasser füllen und das Salz und den Limettensaft hinzufügen. Den Fisch hineinlegen und leicht massieren, um etwaigen Fischgeruch zu entfernen. Den Fisch abgießen, mit Küchenpapier trocken tupfen und in dünne Stücke schneiden. Die Schüssel ausspülen und die Fischsauce, den Palmzucker und die Fischstücke hineingeben. Umrühren, sodass der Fisch vollständig mit der Flüssigkeit überzogen ist, und beiseitestellen.

3 In einer zweiten Schüssel 1 Esslöffel Reismehl mit 125 g Kokoscreme verrühren. Dann einzeln nacheinander 3 Esslöffel Currypaste im Uhrzeigersinn einrühren, dabei sollte sich die Mischung nicht trennen. Den Fisch und die Sauce hinzufügen und 2 Minuten weiterrühren, bis die Mischung andickt. Das verquirlte Ei hineingießen und weitere 2 Minuten umrühren, dann den Großteil der Kaffirlimettenblätter hinzufügen, den Rest zum Servieren zurückbehalten.

4 Falls Bananenblätter verwendet werden, diese in zwei Kreise mit etwa 12 cm Durchmesser schneiden und mit einem feuchten Tuch abwischen. Die Kreise mit der glänzenden Seite nach oben aufeinanderlegen, dabei sollten die Blattadern des einen Blatts genau senkrecht zum anderen liegen. Eine Falte oben einschlagen und mit einem Zahnstocher fixieren. Die Kreise um 90 Grad drehen und oben erneut eine Falte einschlagen und mit einem Zahnstocher fixieren. Die Kreise noch zweimal drehen, falten und fixieren, sodass ein Korb mit vier Ecken entsteht; alternativ kann eine ofenfeste Schale oder einzelne Förmchen verwendet werden. Den Boden des Körbchens oder der Schale mit den Basilikumblättchen auslegen und die Currymischung hineingießen.

5 In einem großen Topf bei hoher Temperatur Wasser zum Kochen bringen. Das Körbchen oder die Schale mit Curry unten in einen großen Bambusdampfkorb stellen, die Temperatur auf die mittlere Stufe stellen und das Curry 15 Minuten dämpfen.

6 Inzwischen in einem kleinen Topf die restliche Kokoscreme und das Reismehl bei niedriger Temperatur aufschlagen. Köcheln lassen, dabei kontinuierlich umrühren, bis die Kokoscreme andickt.

7 Zum Servieren das gedämpfte Curry mit einem Klecks der angedickten Kokoscreme, den roten Chiliringen und den zurückbehaltenen Kaffirlimettenblättern garnieren.

Pad thai goong

Pad thai mit Garnelen

Es ist unmöglich, an Thai-Food zu denken, ohne *pad thai*, das vermutlich bekannteste Thai-Gericht weltweit. Während des Zweiten Weltkriegs, als die Wirtschaft Thailands Not litt, propagierte der Premierminister Nudeln als Alternative zu Reis, der für die meisten Menschen unerschwinglich geworden war. Da Nudelgerichte als chinesisches Essen galten, wurde *pad thai* – und die dünnen, flachen Reisnudeln (*sen chan*) – als explizit thailändisches Nudelgericht erfunden, mit traditionellen Zutaten wie getrockneten Shrimps, Bananenblüten, Bohnensprossen und Limette. In Zentralthailand, der Heimat von *pad thai*, gibt es nach wie vor mehr Streetfood-Händler, Restaurants und Varianten als irgendwo sonst im Land.

Für 2 Personen

50 g getrocknete, dünne Reisnudeln

80 ml Pflanzenöl

300 g Riesengarnelen, geschält und vom Darm befreit

120 g fester Tofu, in 2 cm x 1 cm große Stücke geschnitten

90 g Bohnensprossen

2 Enteneier

25 g Schnittknoblauch, in 5 cm lange Stücke geschnitten, plus ein paar Stängel extra zum Servieren

30 g getrocknete Shrimps

3 EL gehackte eingelegte Rüben

2 Limettenspalten, zum Servieren

½ Bananenblüte, zum Servieren

Pad thai-Sauce

3 EL Tamarindensauce

35 g Kokoszucker

2 EL Fischsauce

1 Eine große Schüssel mit kaltem Wasser füllen und die Nudeln 20–30 Minuten einweichen. In einen Durchschlag abgießen und beiseitestellen.

2 Für die *pad thai*-Sauce in einer säureunempfindlichen Schüssel alle Zutaten gründlich vermischen und beiseitestellen.

In einem Wok das Öl bei mittlerer bis hoher Temperatur erhitzen und die Garnelen darin 2 Minuten braten, bis sie gerade gar sind. Mithilfe eines Schaumlöffels aus dem Öl nehmen und auf Küchenpapier abtropfen lassen. Den Tofu in den Wok geben und goldbraun braten, dann die Bohnensprossen hinzufügen und 2 Minuten pfannenrühren. Die *pad thai*-Sauce hinzufügen, anschließend die Nudeln. Kräftig umrühren, um alles zu vermischen.

3 Die Nudeln an eine Seite des Woks schieben. Die Eier auf den frei geschobenen Platz schlagen und halb stocken lassen. Mithilfe eines Pfannenhebers oder Holzlöffels die Eier verrühren und goldbraun braten, dann unter die Nudeln mischen. Garnelen, Schnittknoblauch, getrocknete Shrimps und eingelegte Rüben hinzufügen und 30 Sekunden pfannenrühren, dann vom Herd nehmen.

4 Das *pad thai* auf zwei Teller verteilen und mit Limettenspalten, Bananenblüten und dem ganzen Schnittknoblauch servieren.

GOONG AOB WOON SEN

Gedämpfte Garnelen mit Glasnudeln

Thailand ist die Heimat einer großen Zahl an thai-chinesischen Gemeinden, und mehr als zehn Millionen Thailänder – 15 Prozent der Bevölkerung – haben chinesische Wurzeln. Deshalb wird chinesisches Essen als wichtiger Teil der Thai-Küche anerkannt. *Goong aob woon sen* ist ein in Thailand sehr beliebtes chinesisches Gericht, und es wird eher in China- und Meeresfrüchte-Restaurants serviert als in den Garküchen. Typischerweise werden Tontöpfe zum Kochen und Servieren benutzt, vor allem wegen ihrer Eigenschaft, lange die Hitze zu speichern, doch für dieses Rezept wird nur ein Wok oder ein großer Topf benötigt.

Für 2–3 Personen

100 g getrocknete Glasnudeln

1 EL Austernsauce

2 EL Sojasauce

1 EL dunkle Sojasauce

2 TL feiner Zucker

1 TL Sesamöl

1 TL gemahlener weißer Pfeffer

2 EL Shaoxing-Reiswein

1 TL ganze schwarze Pfefferkörner

3 EL Pflanzenöl

100 g Schweinebauch, in 10 Scheiben geschnitten

1 ganze kleine junge Ingwerwurzel, in 5 Stücke geschnitten

200 g Tigergarnelen, geschält und vom Darm befreit, Schwänze intakt

5 Frühlingszwiebeln, in 5 cm lange Stücke geschnitten

2 Stangen Chinesischer Sellerie (siehe Glossar), in 5 cm lange Stücke geschnitten

1 Eine große Schüssel mit kaltem Wasser füllen und die Glasnudeln darin einweichen. In einen Durchschlag abgießen und beiseitestellen.

2 In einer Schüssel Austernsauce, die Sojasaucen, Zucker, Sesamöl, weißen Pfeffer, Shaoxing-Reiswein und 125 ml Wasser vermischen. Die Glasnudeln hinzufügen und gründlich mit der Mischung überziehen. Beiseitestellen zum Marinieren.

3 In einem Mörser die schwarzen Pfefferkörner zu einem feinen Pulver zerstoßen und beiseitestellen.

4 Auf dem Boden eines Woks oder eines Topfs etwas Öl verteilen. Den Boden gleichmäßig mit den Schweinebauchscheiben auslegen, dann den Ingwer darauf verteilen, anschließend die Garnelen. Mit dem zerstoßenen schwarzen Pfeffer bestreuen und die Glasnudeln und die Marinade darauf verteilen. Den Deckel auflegen und alles bei mittlerer Temperatur zum Kochen bringen, dann die Temperatur herunterstellen und 7 Minuten dämpfen.

5 Die Frühlingszwiebeln und den Sellerie hinzufügen, den Deckel auflegen und weitere 2 Minuten dämpfen. Sofort im Topf, Wok oder auf einer Platte servieren.

PLA KAPONG TORD NAM PLA

Frittierter Wolfsbarsch

Nam pla ist eine der wichtigsten Zutaten der Thai-Küche. Die Fischsauce besteht aus fermentiertem Fisch und Salz und verleiht Gerichten einen komplexen salzigen Umami-Geschmack. Frittierter Wolfsbarsch mit einer herb-salzigen und süßen Fischsauce ist eines der traditionellen Fischgerichte Thailands und ein Muss auf den Speisekarten einheimischer Seafood-Restaurants.

Für 4 Personen

750 ml Pflanzenöl, zum Frittieren

500 g Wolfsbarsch oder Barramundi, gesäubert, geschuppt und im Schmetterlingsschnitt vorbereitet

1 EL feines Meersalz

2 TL zerlassener Palmzucker (siehe Tipp Seite 10)

2 EL Fischsauce

1 EL Korianderblättchen, zum Servieren

Mango-Salat

½ saure grüne Mango, in feine Streifen geschnitten

½ rote Zwiebel oder 1 rote Thai-Schalotte, in feine Ringe geschnitten

2 EL geröstete Erdnüsse

1 EL gehackte rote und grüne Bird's-Eye-Chili

2 EL Fischsauce

2 EL Limettensaft

2 EL zerlassener Palmzucker (siehe Tipp Seite 10)

1 Für den Mango-Salat in einer säureunempfindlichen Schüssel Mango, rote Zwiebel, Erdnüsse, Chili, Fischsauce, Limettensaft und Palmzucker vermischen und beiseitestellen.

2 In einem Wok oder einem Topf mit schwerem Boden das Öl bei mittlerer Temperatur erhitzen, bis ein Brotwürfel darin in 30 Sekunden bräunt – auf etwa 180 °C. Den Wolfsbarsch mit dem Salz bestreuen und 10–15 Minuten goldbraun und knusprig frittieren. Mithilfe eines Schaumlöffels aus dem Öl nehmen und auf Küchenpapier abtropfen lassen, dann auf eine Platte legen. Bis auf 1 Esslöffel alles Öl aus dem Wok gießen und vom Herd nehmen.

3 In einer kleinen Schüssel den Palmzucker mit der Fischsauce verrühren. Den Wok wieder auf den Herd stellen und die Fischsaucen-Palmzucker-Mischung hineingießen. Bei mittlerer Temperatur 1 Minute köcheln. Vom Herd nehmen und die Mischung über den frittierten Fisch gießen.

4 Den Fisch mit Koriander bestreuen und mit dem Mango-Salat servieren.

pad kee mao talay

Betrunkene Meeresfrüchte aus dem Wok

Pad kee mao ist ein sehr beliebtes Wok-Gericht, das mit Nudeln, Reis oder wie hier mit Meeresfrüchten zubereitet wird. (Für eine moderne Version des Gerichts werden sogar Spaghetti statt traditioneller Nudeln verwendet!) Trotz des Namens – *kee mao* bedeutet »betrunken« – ist im Rezept kein Alkohol im Spiel; hinter dem Namen verbirgt sich die Geschichte eines Betrunkenen, der Hunger hatte und mit den Zutaten kochen musste, die gerade vorrätig waren, woraus ein überraschend köstliches Gericht entstand – würzig, aromatisch und mit vielen Kräutern. Wenn *pad kee mao* mit Nudeln zubereitet wird, ähnelt es *pad see eiw* (Seite 76) – Reisnudeln aus dem Wok mit süßer Sojasauce –, schmeckt aber trotzdem nicht genauso.

Für 2 Personen

2 EL Pflanzenöl

2 rote Bird's-Eye-Chilis, fein gehackt

2 Knoblauchzehen, fein gehackt

100 g Krachai (Chinesischer Ingwer oder Fingerwurz; siehe Glossar), fein gehackt

100 g Tintenfisch, gesäubert und in dünne Ringe geschnitten

100 g Riesengarnelen, geschält und vom Darm befreit

100 g Jakobsmuscheln

50 g Baby-Mais

50 g Thai-Aubergine

4 TL Fischsauce, plus mehr, falls erforderlich

1 TL feiner Zucker, plus mehr, falls erforderlich

25 g Indisches Basilikum (siehe Glossar)

2 lange rote Chilis, von den Samen befreit und in feine Ringe geschnitten

1 kleines Bund frische grüne Pfefferkörner

1 EL *nam prik pao* (Thai-Chilipaste; siehe Glossar)

gedämpfter Jasmin-Reis, zum Servieren

1 In einem Wok das Öl bei hoher Temperatur erhitzen und die rote Chili, den Knoblauch und den Krachai darin anschwitzen.

2 Den Tintenfisch, die Garnelen und die Jakobsmuscheln hinzufügen und pfannenrühren, bis sie fast gar sind. Den Baby-Mais und die Aubergine hinzufügen, dann Fischsauce, Zucker, Basilikum, lange Chilis, grüne Pfefferkörner und *nam prik pao* untermischen. Umrühren und vom Herd nehmen.

3 Mit Fischsauce oder Zucker abschmecken, falls erforderlich. Mit gedämpftem Jasmin-Reis servieren.

Pu pad prik thai dum

Krebs mit schwarzem Pfeffer

Krebse sind vermutlich die am meisten geschätzten Meeresfrüchte in Thailand und auch recht teuer. Krebs wird oft nur mit einem scharfen Dip gegessen, doch dieses Gericht ist eine beliebte Alternative. Für die authentische Version von *pu pad prik thai dum* wird ein Krebs (oder Krebse) im Ganzen gegart, dann knacken die Esser die Schalen und holen das Fleisch selbst heraus. Das Gericht schmeckt intensiv nach Knoblauch und schwarzem Pfeffer und steht häufig auf den Speisekarten von China- und Seafood-Restaurants in Bangkok.

Für 2 Personen

1 lebende Mangrovenkrabbe

140 ml Pflanzenöl

500 ml Schweinebrühe (Seite 192) oder Hühnerbrühe (Seite 193)

1 EL Austernsauce

2 EL Sojasauce

2 TL feines Meersalz

1 ½ TL feiner Zucker

2 EL Shaoxing-Reiswein

5 Knoblauchzehen, grob gehackt

1 EL ganze schwarze Pfefferkörner, zerstoßen

½ lange rote Paprika, gewürfelt

3 Korianderwurzeln, sauber abgebürstet und grob gehackt

1 Den Krebs einschläfern, indem er 25–30 Minuten tiefgekühlt wird. Den Krebs mit der Oberseite nach unten hinlegen, um den Magensack herauszunehmen. Mit den Händen oder einem Messer den Magensack abbrechen oder abschneiden und entsorgen. Den Krebs umdrehen und den Daumen unter die Schale einführen, wo der Magensack war. Die Schale abreißen und entsorgen. Die Kiemen, die Mundpartie und die Innereien entfernen, dann den Krebs mit einem Hackmesser oder großem Messer in der Mitte durchtrennen. Die Scheren vom Körper trennen und mit einem Nudelholz oder dem Messerrücken eines Hackmessers knacken. Die Krebsteile unter fließendem Wasser abspülen, dabei verbliebene Reste von Innereien entsorgen.

2 In einem Topf den Krebs in 1 Esslöffel Öl bei mittlerer Temperatur 2 Minuten braten. Die Brühe hinzufügen, dann die Austernsauce, 1 Esslöffel Sojasauce, 1 Teelöffel Salz, 1 Teelöffel Zucker und 1 Esslöffel Shaoxing-Reiswein. Zum Kochen bringen, den Deckel auflegen und 20 Minuten garen. Die Krebsteile in einen Durchschlag abgießen und beiseitestellen.

3 In einem Wok das restliche Öl bei mittlerer bis hoher Temperatur erhitzen und den Knoblauch darin 3 Minuten anschwitzen. Mithilfe eines Schaumlöffels herausnehmen und auf Küchenpapier abtropfen lassen.

4 Bis auf 1 Esslöffel alles Öl aus dem Wok entfernen, diesen wieder auf den Herd stellen und den schwarzen Pfeffer darin rösten. Die Paprika und die Korianderwurzeln hinzufügen und pfannenrühren. Mit der restlichen Sojasauce, Salz und Zucker abschmecken.

5 Die Krebsteile in den Wok geben und pfannenrühren. Den Knoblauch hinzufügen, dann mit dem restlichen Shaoxing-Reiswein ablöschen. Sofort servieren.

MOO MA NAO

Schweinefleisch-Salat mit Limettensauce

Thailänder lieben Salat, und so gibt es unzählige Rezepte dafür im ganzen Land, von den Bergen im Norden bis zur Malaiischen Halbinsel im Süden. *Moo ma nao* gehört zu den Salaten, die außerhalb Thailands selten zu finden sind. Der Salat mit intensivem Geschmack nach Knoblauch, Chili und Limette wird meist in Restaurants serviert – und nicht auf Märkten oder von Streetfood-Ständen – mit kurz gegartem Chinesischen Brokkoli (*gai lan*) als Beilage.

Für 2 Personen

1 Knolle Knoblauch, die Zehen geschält und gehackt

6 Bird's-Eye-Chilis, in dünne Ringe geschnitten, plus mehr zum Servieren (nach Belieben)

1 TL feines Meersalz

80 ml Limettensaft, plus mehr, falls erforderlich

2 EL Fischsauce, plus mehr, falls erforderlich

1 TL feiner Zucker

1 Bund Chinesischer Brokkoli (*gai lan*), geputzt

300 g Schweinekotelett, in 5 mm dünne Scheiben geschnitten

1 In einem Mörser den Knoblauch und die Chilis zu einer groben Paste zerstoßen, dann Salz, Limettensaft, Fischsauce und Zucker unterrühren. Abschmecken; die Mischung sollte sauer, salzig und scharf sein. Mit Limettensaft oder Fischsauce nachwürzen, falls erforderlich.

2 Eine große Schüssel mit Eiswasser füllen und beiseitestellen. In einem Topf Wasser bei hoher Temperatur zum Kochen bringen und den Chinesischen Brokkoli 1 Minute blanchieren, bis er etwas weich ist. Mithilfe eines Schaumlöffels den Brokkoli in das Eiswasser legen, dann in einen Durchschlag abgießen.

3 Das Wasser in dem Topf erneut zum sprudelnden Kochen bringen und die Schweinefleischscheiben darin 20 Sekunden garen. Mithilfe eines Schaumlöffels herausnehmen und abtropfen lassen.

4 Den Chinesischen Brokkoli und das Schweinefleisch auf einer Platte anrichten, die Sauce darüberlöffeln und nach Belieben mit Chiliringen bestreuen. Sofort servieren.

GAI PAD MED MAMUANG

Frittiertes Hähnchen mit Chashewkernen

Cashewkerne kommen ebenso wie Erdnüsse in der Thai-Küche häufig zum Einsatz, und *gai pad med mamuang* ist ein beliebtes Gericht mit Cashews. Sein Ursprung ist unklar, doch es gibt Ähnlichkeiten mit dem Szechuan-Hähnchen *kung pao*, also wurde das Gericht möglicherweise von chinesischen Einwanderern nach Thailand mitgebracht und dem lokalen Geschmack angepasst.

Für 4 Personen

250 ml Pflanzenöl, zum Frittieren

2 Stück Hähnchenbrust, in 5 mm dicke Scheiben geschnitten

150 g Weizenmehl

6 getrocknete lange rote Chilis

2 EL gehackte Knoblauchzehen

115 g geröstete Cashewkerne

90 g Champignons, geviertelt

2 EL in dünne Streifen geschnittener Ingwer

2 Frühlingszwiebeln, in 5 cm lange Stücke geschnitten

125 ml Hühnerbrühe (Seite 193)

1½ EL *nam prik pao* (Thai-Chilipaste; siehe Glossar)

1 EL dunkle Sojasauce

1 EL Austernsauce

1 EL Shaoxing-Reiswein

1½ TL feiner Zucker

gedämpfter Jasmin-Reis, zum Servieren

1 In einem Wok oder einer tiefen Pfanne mit schwerem Boden bei mittlerer Temperatur das Öl erhitzen, bis ein in das Öl geworfener Brotwürfel in 30 Sekunden bräunt – auf etwa 180 °C. Die Hähnchenscheiben in dem Mehl wälzen und 5 Minuten goldbraun frittieren, aber noch nicht fertiggaren. Mithilfe eines Schaumlöffels aus dem Öl nehmen und auf Küchenpapier abtropfen lassen.

2 In demselben Öl die getrockneten Chilis 1 Minute knusprig frittieren. Mithilfe eines Schaumlöffels aus dem Öl nehmen und auf Küchenpapier abtropfen lassen.

3 Bis auf 3 Esslöffel das Öl entfernen und den Wok wieder auf den Herd stellen. Den Knoblauch darin anschwitzen, dann die Cashewkerne, frittierten Chilis, Champignons, Ingwer und Frühlingszwiebeln hinzufügen und 2–3 Minuten pfannenrühren, dann mit der Brühe ablöschen, anschließend die restlichen Zutaten außer dem Reis unterrühren. Die Temperatur erhöhen und weitere 2 Minuten pfannenrühren, dann das Hähnchen hinzufügen und 15 Sekunden garen. Vom Herd nehmen und mit gedämpftem Jasmin-Reis servieren.

GLUAY BUAT CHEE

Bananen in Kokosmilch

Gluay buat chee ist ein traditionelles Thai-Dessert, dessen Name übersetzt »zu Nonnen geweihte Bananen« bedeutet – womit auf die weiße Kleidung der Nonnen in den buddhistischen Theravada-Klöstern Bezug genommen wird. Es gehört zu den einfachsten Desserts der Alltagsküche, für das Bananenstücke in gesüßter Kokosmilch köcheln müssen. Das cremige, süß-salzige *gluay buat chee* wird in der Regel warm gegessen und ist vermutlich das beste Wohlfühlgericht für einen kalten Winterabend, das es gibt. Jede Bananensorte kann verwendet werden, doch am besten eignen sich Baby-Bananen wegen ihres Geschmacks und Dufts.

Für 4 Personen

500 ml Kokosmilch

4 noch nicht ganz reife Baby-Bananen, in 2 cm lange Stücke geschnitten

2 Pandanblätter, verknotet

100 g feiner Zucker

2 TL feines Meersalz

1 In einem großen Topf die Kokosmilch bei mittlerer Temperatur zum Kochen bringen.

2 Die Bananen und Pandanblätter in die Kokosmilch geben, die Temperatur herunterstellen und 4–5 Minuten köcheln lassen. Den Zucker und das Salz unterrühren und köcheln lassen, bis sich der Zucker aufgelöst hat. Sofort vom Herd nehmen, damit die Bananen nicht zu Brei werden.

3 Das *gluay buat chee* auf vier Schalen verteilen und heiß servieren.

Khao niaew tu rien

Süßer Klebreis mit Durian

Klebreis ist eine klassische Grundlage für Thai-Desserts und für viele auch die liebste Zutat, besonders wenn er mit cremiger Kokosmilch kombiniert wird. Manchmal wird süßer Klebreis auch pur gegessen, doch beliebter sind Kombinationen mit frischem Obst wie Durian oder reifer Mango.

Für 6 Personen

300 g ungegarter weißer Klebreis, über Nacht in kaltem Wasser eingeweicht, oder 500 g gegarter weißer Klebreis

200 ml Kokosmilch

100 g feiner Zucker

2 TL feines Meersalz

1 TL helle Sesamsamen, zum Servieren

4 Stücke frische Durianfrucht oder Mango, zum Servieren

1 Einen Topf zu einem Drittel mit Wasser füllen und dieses bei mittlerer Temperatur zum Kochen bringen. Den Reis gleichmäßig auf dem Boden eines Siebs verteilen (siehe Tipp), das in den Topf passt, ohne das Wasser zu berühren; dabei darauf achten, dass der Reis nicht in der Mitte angehäuft ist. Das Sieb in den Topf hängen, den Deckel auflegen und den Reis 20 Minuten dämpfen, bis er gar ist.

2 Inzwischen in einem Topf Kokosmilch, Zucker und Salz bei niedriger Temperatur erwärmen, jedoch nicht zum Kochen bringen. Vom Herd nehmen, wenn sich der Zucker aufgelöst hat.

3 Den gegarten Klebreis in eine große Schüssel geben und die gesüßte Kokosmilch über den Reis gießen. Vermischen, dann mit Frischhaltefolie abdecken und 15 Minuten beiseitestellen, damit der Reis die Kokosmilch aufnimmt. Auf Raumtemperatur abkühlen lassen.

4 Zum Servieren den Klebreis mit Sesamsamen bestreuen und mit Durian oder Mango anrichten.

DURIAN

Tipp

Dämpfen ist die beste Methode, um Klebreis zu garen. Ein Reisdämpfer im Thai-Stil, aus Bambusstreifen geflochten, funktioniert am besten, doch auch ein chinesischer Bambusdampfkorb (oder einer aus Metall), der mit einem Mulltuch (Käseleinen) ausgelegt ist, hilft weiter – genau wie der Sieb-Trick in diesem Rezept.

NAM PLA WAN MAMUANG DIB

Süße Fischsauce mit grüner Mango

Grüne Mango ist wegen ihrer knackigen Textur und ihres säuerlichen Geschmacks in Thailand sehr beliebt. Traditionell wird sie schon seit Jahrhunderten mit *nam pla wan*, süßer Fischsauce, serviert. *Nam pla wan* ist einfach herzustellen und ergänzt den Geschmack der Frucht mit süßen und herzhaften Noten. Obwohl *nam pla wan* bevorzugt zu grüner Mango gereicht wird, ist die Sauce sehr vielseitig und passt auch zu anderem Obst und Gemüse.

Für 5 Personen

400 g Kokoszucker

2 EL *gapi* (fermentierte Garnelenpaste; siehe Glossar)

3 EL Fischsauce

50 g getrocknete Shrimps

1 kleine rote Thai-Schalotte, in feine Ringe geschnitten

1 rote Chili, fein gehackt (nach Belieben)

1 EL Chiliflocken (nach Belieben)

4 saure grüne Mangos, in Scheiben geschnitten, zum Servieren

1 In einem Topf den Kokoszucker und 125 ml Wasser bei mittlerer Temperatur zum Kochen bringen und kontinuierlich umrühren, bis sich der Zucker aufgelöst hat. Dann die Garnelenpaste und die Fischsauce hinzufügen und unterrühren. Die Temperatur reduzieren und die Mischung 10 Minuten köcheln lassen, bis sie andickt, dann vom Herd nehmen.

2 Die getrockneten Shrimps, die Schalotte und die frischen und getrockneten Chilis, falls verwendet, hinzufügen. In eine kleine Schüssel umfüllen, beiseitestellen und auf Raumtemperatur abkühlen lassen. Wenn die abgekühlte *nam pla wan* nicht sofort verwendet wird, in eine luftdicht verschließbare Frischhaltebox oder ein Vorratsglas umfüllen und im Kühlschrank lagern, wo die Sauce sich bis zu 2 Wochen hält.

3 Die grüne Mango auf einer Platte anrichten und mit einer Schale *nam pla wan* servieren.

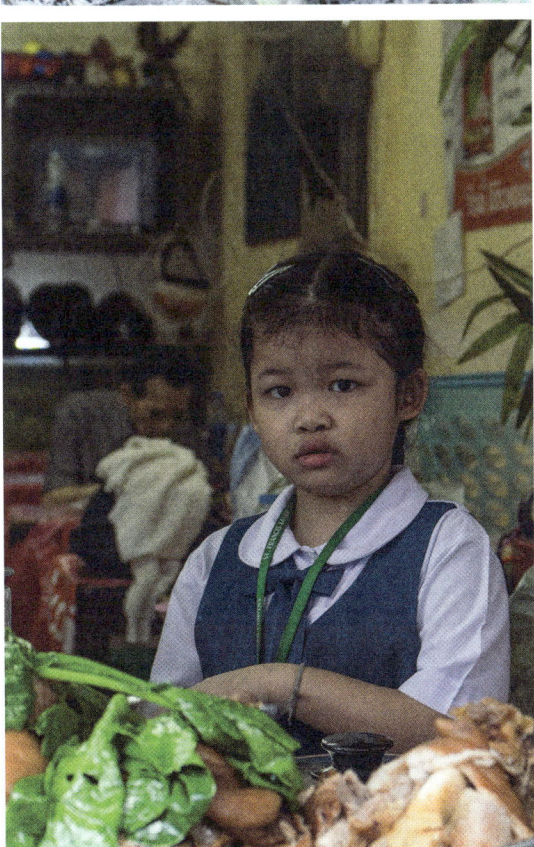

SAKU MA PRAOW AON

Sago und junge Kokosnuss in Kokoscreme

Saku wird aus der Stärke der Echten Sagopalme hergestellt, und wenn die kleinen runden Perlen gekocht werden, ähneln sie Tapiokapudding. Seit der Zeit des Ayutthaya-Königreichs (1351–1767) ist Sago für viele Thai-Desserts eine Grundzutat und wird meist mit Kokoscreme kombiniert. Sagoperlen gibt es in vielen unterschiedlichen Größen, wobei für Thai-Desserts meist die kleinste verwendet wird, da die Einheimischen deren weiche Textur und den leckeren Geschmack lieben. Wenn Sie keine Sagoperlen bekommen, tun es notfalls auch Tapiokaperlen.

Für 4 Personen

150 g kleine Sagoperlen

500 ml Kokoswasser

250 ml Aromatisiertes Wasser (Seite 190)

3 Pandanblätter

200 g feiner Zucker

90 g süße Maiskörner

100 g frisches junges Kokosfruchtfleisch, geraspelt

300 g Kokoscreme

1 TL Weizenmehl

½ TL feines Meersalz

1 Die Sagoperlen in ein Sieb geben und unter fließendem kaltem Wasser abspülen, um die Stärke zu entfernen.

2 In einem großen Topf Kokoswasser, Aromatisiertes Wasser und Pandanblätter bei mittlerer Temperatur zum Kochen bringen. Wenn das Wasser sprudelnd kocht, die Sagoperlen hinzufügen, dabei umrühren, damit sie nicht zusammenkleben, und 5 Minuten garen, bis sie weich sind. Den Zucker hinzufügen, die Temperatur reduzieren und die Maiskörner und das geraspelte Kokosfruchtfleisch hinzufügen. Gründlich vermischen, dann vom Herd nehmen, beiseitestellen und etwas abkühlen lassen.

3 Inzwischen in einem kleinen Topf die Kokoscreme bei mittlerer Temperatur erwärmen. Das Mehl und das Salz mit der Kokoscreme aufschlagen, bis sie andickt. Vom Herd nehmen.

4 Zum Servieren die Sago-Mischung auf vier Schalen verteilen und jeweils 2–3 Esslöffel Kokoscreme daraufgeben.

Desserts

Die Zubereitung von *khanom thai*, Thai-Desserts, ist einfach. Schwierig wird es erst, wenn es perfekt werden soll. Jedes Dessert hat einen eigenen Namen und eine eigene Form, einige mit symbolischer Bedeutung, engem Bezug zu Traditionen oder Verweisen auf ihre Ursprünge. Einige Desserts wurden früher anlässlich religiöser Zeremonien oder zu Hochzeitsfeiern zubereitet, sind heute aber verbreiteter.

Desserts aus den frühen Zeiten der Sukhothai-Epoche (1238–1438) bestanden aus drei Hauptzutaten: Reis oder Tapiokamehl, Palmzucker und Kokosnuss. Pandanblätter kommen ebenfalls oft in die Desserts dieser Epoche und verleihen ihnen eine hellgrüne Farbe und Blütenaroma. Später, während der Ayutthaya-Zeit (1351–1767), spielten Einflüsse aus der Fremde eine große Rolle bei der Entstehung neuer *khanom thai*, mit der portugiesischen Küche an erster Stelle. Eigelb und weißer Zucker wurden als Dessertzutaten eingeführt, und auch Kokoscreme taucht in den Rezepten auf.

Meist verwendete man Enteneier wegen ihres prägnanteren Geschmacks, der festeren Textur und kräftigeren Farbe im Vergleich zu Hühnereiern. Das kräftige Orange der Eigelbe verkörpert für die Thai Gold und Wohlstand, und so waren die Desserts früher beliebt für glanzvolle Feste.

Vermutlich wurden die *khanom thai*, die Eigelb und Kokoscreme enthalten, von den berühmten portugiesischen *pastéis de nata* inspiriert. Viele dieser portugiesisch beeinflussten Rezepte wurden von Maria Guyomar de Pinha entwickelt, einer Thailänderin mit japanisch-portugiesisch-bengalischen Wurzeln, die Palastköchin am Hof von König Narai war und als »Königin der Thai-Desserts« galt. Doch unabhängig von früheren Einflüssen aus anderen Ländern sind diese Desserts heute echte thailändische Spezialitäten und haben einen wichtigen Platz in der Geschichte der einheimischen Küche.

Während man im modernen Bangkok eher europäische Desserts wie Gebäck und Kuchen findet, sind solche cremigen Eigelb-Köstlichkeiten noch auf den lokalen Märkten im Angebot, im Gegensatz zu einigen anderen traditionellen Desserts, die seltener geworden sind. Es hat uns große Freude gemacht, sie zuzubereiten, und überrascht, mit wie wenigen Grundzutaten man solche einzigartigen und verführerischen Süßspeisen herstellen kann.

MED KHANUN

Jackfruchtsamen

Med khanun ist eines der vielen Desserts, die in der Ayutthaya-Zeit (1351–1767) beliebt wurden, als erstmals Eier für Thai-Süßspeisen in Gebrauch kamen. Vermutlich von portugiesischen Desserts beeinflusst, wird *med khanun* aus Mungbohnen- oder Taro-Paste hergestellt, zu Kugeln geformt, in Eigelb gewälzt und in Zuckersirup gekocht. In der Thai-Kultur steht das kräftige Orangegelb des Desserts für Gold und Wohlstand, und *med khanun* ist eines von Thailands »neun glückverheißenden Desserts« (ein weiteres ist *foi tong*, Seite 185), die zu besonderen Anlässen wie Hochzeiten und Weihefeiern aufgetischt werden, um Glück zu bringen. Aber auch wenn Sie keinen besonderen Anlass feiern, sollten Sie *med khanun* ausprobieren; die gehaltvolle, cremige Süßspeise ist die perfekte Abrundung einer Mahlzeit.

Verwenden Sie möglichst Eigelb von Enteneiern, da ihr kräftiges Orangegelb für die typische Farbe des Desserts sorgt.

Für 5 Personen

560 g Taro, geschält und gewürfelt

250 ml Aromatisiertes Wasser (Seite 190)

375 g Kokoscreme

250 g feiner Zucker

10 Eigelb von Enteneiern

Sirup

400 g feiner Zucker

375 ml Aromatisiertes Wasser (Seite 190)

1 Für den Sirup in einem Topf mit schwerem Boden den Zucker und das Aromatisierte Wasser bei mittlerer Temperatur zum Kochen bringen. Den Sirup ohne umzurühren etwas einkochen, bis die Temperatur 104 °C auf einem Zuckerthermometer erreicht. Um die Konsistenz des Sirups zu testen, einen Teelöffel in den Sirup tauchen und kurz abkühlen lassen. Mit angefeuchteten Fingern den Sirup auf dem Teelöffel zwischen Daumen und Zeigefinger nehmen. Beim Auseinanderziehen der Finger sollte der Sirup Fäden ziehen. Den Sirup vom Herd nehmen und beiseitestellen.

2 Wasser in einem großen Topf bei hoher Temperatur zum Kochen bringen. Die Taro-Würfel unten in einen großen Bambusdampfkorb geben und 15 Minuten dämpfen, bis sie weich sind. Die Taro-Würfel pürieren und mit dem Aromatisierten Wasser, Kokoscreme und Zucker in einen großen Topf geben. Die Mischung bei niedriger Temperatur köcheln lassen, dabei stetig umrühren. Je länger es kocht, umso süßer wird das Püree; es ist fertig, wenn es süß, aber nicht zuckersüß schmeckt und die Konsistenz fest, aber nicht zu trocken ist. Beiseitestellen und abkühlen lassen.

3 Mit angefeuchteten Händen das abgekühlte Püree zu kleinen Ovalen formen, die etwa 1,5 cm lang und 1 cm breit sind, nach dem Vorbild echter Jackfruchtsamen, und auf einem Blech beiseitestellen.

4 Die Eigelbe durch ein feines Sieb in eine Schüssel gießen und beiseitestellen. Den Sirup erneut auf den Herd stellen und bei niedriger Temperatur sanft erhitzen, er soll aber nicht kochen.

5 Mithilfe eines Zahnstochers einen der »Jackfruchtsamen« aufnehmen, durch das Eigelb ziehen und 1 Minute in den köchelnden Sirup halten, damit das Eigelb stockt, dann mithilfe eines Schaumlöffels aus dem Sirup nehmen und auf eine Platte legen. Mit den restlichen »Samen« ebenso verfahren und bei Raumtemperatur servieren.

Foi tong

Goldene Leckerei aus Eigelb

Foi tong ist ein Thai-Dessert mit portugiesischem Ursprung, das im 17. Jahrhundert am Hof des Königs Narai von Maria Guyomar de Pinha eingeführt wurde, eine Thailänderin mit japanisch-portugiesisch-bengalischen Wurzeln, die als »Königin der Thai-Desserts« bekannt war. Aufgeschlagenes Eigelb wird mit einer kreisförmigen Bewegung durch einen Edelstahltrichter mit winziger Tülle in kochenden Zuckersirup geträufelt, wodurch sich beim Garen köstliche Fäden bilden. Einheimische sind sehr stolz auf ihr *foi tong*, sowohl auf die Technik der Zubereitung als auch auf die historische Rolle des Desserts. Obwohl nur wenige Zutaten benötigt werden, erfordert das Dessert einiges an Übung, damit es perfekt wird. Verwenden Sie unbedingt frische Enteneier, da sich das erheblich auf die Textur der Fäden auswirkt.

Für 4 Personen

6 sehr frische Eigelb von Enteneiern

375 g feiner Zucker

26 g feines Meersalz

1 Die Eigelbe durch ein feines Sieb in einen Krug oder eine Schüssel mit Tülle geben. Mit Frischhaltefolie abdecken, dabei darauf achten, dass die Folie auf der Oberfläche der Eigelbe aufliegt, damit sich keine Haut bildet. Beiseitestellen.

2 In einem großen Topf den Zucker und das Salz mit 700 ml Wasser bei hoher Temperatur zum Kochen bringen, dabei umrühren, damit sich der Zucker auflöst. Die Temperatur reduzieren und den Sirup sanft köcheln lassen.

3 Einen Spritzbeutel mit kleiner Tülle (1–2 mm) in einen Trichter stecken, das stabilisiert den Spritzbeutel beim Füllen mit dem Eigelb.

4 Den Trichter über den köchelnden Sirup halten und den Spritzbeutel mit Eigelb füllen. Mit einer Kreisbewegung das Eigelb in den Sirup drücken und 15 überlappende Kreise formen, die nur unwesentlich kleiner als der Durchmesser des Topfes sind. Den Trichter in ein Glas stellen, um das Austreten des Eigelbs zu verhindern, und die Eigelbfäden 10 Sekunden im Sirup garen.

5 Mit einem Essstäbchen oder einem Spieß die Eigelbfäden im Sirup aufnehmen, dabei hin und her schwenken, damit sie nicht zusammenkleben. Auf einer Platte abkühlen lassen und mit dem restlichen Eigelb ebenso verfahren.

6 Das *foi tong* bei Raumtemperatur servieren.

GRUND

REZEPTE

NAHM POON SAI
Limewater

Mit *nam poon sai*, einer traditionellen Zutat der Thai-Küche, vor allem für Thai-Desserts, wird Ausbackteig und Gebäck knuspriger und Früchte bleiben auch bei langer Garzeit fest. Lime Powder (Calciumhydroxid) ist in Thai-Supermärkten erhältlich.

Ergibt 1 l

1 EL Lime Powder
(Calciumhydroxid)

1 In einem großen Glaskrug das Lime Powder in 1 l Wasser auflösen. Über Nacht ruhen lassen, damit sich das Lime Powder auf dem Boden des Krugs absetzen kann. Das klare Limewater kann sofort weiterverwendet oder für den späteren Gebrauch unbegrenzt im Kühlschrank aufbewahrt werden.

NAHM LOI DORK MAI
Aromatisiertes Wasser

Aromatisiertes Wasser herzustellen ist ganz einfach und zudem sehr hübsch. Es kann verwendet werden, um Desserts wie Sago und junge Kokosnuss in Kokoscreme (Seite 179) ein Blütenaroma zu verleihen. Wenn kein Jasmin zu bekommen ist, kann er durch andere essbare Blüten wie Rosen ersetzt werden.

Ergibt 1 l

1 Handvoll unbehandelte, noch nicht geöffnete Jasminblüten

1 Eine Schüssel mit 1 l Wasser füllen und die Oberfläche mit Jasminblüten bestreuen. Abdecken und über Nacht ruhen lassen, bis die Blüten aufgeblüht sind, und das Wasser mit Jasmin-Aroma parfümieren.

NAHM SOUP MHU

Schweinebrühe

Fertige Brühe ist nützlich, wenn Sie wenig Zeit haben und es schnell gehen soll, doch der wunderbare Geschmack einer selbst gemachten, gehaltvollen Schweinebrühe ist den Aufwand wert.

Ergibt 1 l

1 kg Schweinerippchen

1 EL ganze weiße Pfefferkörner

2 Knoblauchzehen, mit einer Messerklinge zerdrückt

4 Korianderwurzeln, sauber abgebürstet

gemischte Gemüsereste wie Zwiebelwurzeln, Strünke vom Chinakohl (wombok), Korianderstängel und das Grün von Frühlingszwiebeln

1 Msp. feines Meersalz

1 In einem großen Suppentopf Wasser bei hoher Temperatur zum Kochen bringen. Vorsichtig die Schweinerippchen hineinlegen und 2 Minuten kochen, um sie zu säubern, dann abgießen und die Rippchen mit kaltem Wasser abspülen.

2 Den Suppentopf ausspülen und die Schweinerippchen, weiße Pfefferkörner, Knoblauch, Korianderwurzeln, Gemüsereste und Salz hineingeben, dazu ausreichend kaltes Wasser, sodass alles bedeckt ist. Bei hoher Temperatur zum Kochen bringen, den Schaum und das Fett abschöpfen, die an die Oberfläche steigen.

3 Die Temperatur herunterstellen und das Ganze bedeckt 3–4 Stunden köcheln lassen, bis die Brühe einen kräftigen Umami-Geschmack mit einem Hauch Süße vom Gemüse entwickelt hat.

4 Die Brühe durch ein feines Sieb in eine luftdicht verschließbare Frischhaltebox oder ein Vorratsglas füllen und im Kühlschrank bis zu 3 Tage aufbewahren.

NAHM SOUP GAI

Hühnerbrühe

Diese Thai-Version von Hühnerbrühe entwickelt den herzhaften Geschmack einer guten selbst gemachten Brühe mit aromatischen Zutaten wie Ingwer, Knoblauch, frischem Koriander und Frühlingszwiebel.

Ergibt 1 l

1 kg Hühnerkarkassen

1 ganze mittelgroße Ingwerwurzel, mit einer Messerklinge zerdrückt

2 Knoblauchzehen, mit einer Messerklinge zerdrückt

gemischte Gemüsereste wie Zwiebelwurzeln, Strünke vom Chinakohl (*wombok*), Korianderstängel und Frühlingszwiebelgrün

1 Msp. feines Meersalz

1 Einen großen Suppentopf mit Wasser füllen und das Wasser bei hoher Temperatur zum Kochen bringen. Vorsichtig die Hühnerkarkassen hineingeben und 2 Minuten kochen, dann abgießen und die Karkassen mit kaltem Wasser abspülen.

2 Den Suppentopf ausspülen und die Hühnerkarkassen, Ingwer, Knoblauch, Gemüsereste und Salz hineingeben sowie ausreichend kaltes Wasser, um alles zu bedecken. Bei hoher Temperatur zum Kochen bringen, den Schaum und das Fett abschöpfen, die an die Obefläche steigen.

3 Die Temperatur herunterstellen und das Ganze bedeckt 3–4 Stunden köcheln lassen, bis die Brühe einen kräftigen Umami-Geschmack mit einem Hauch Süße vom Gemüse entwickelt hat.

4 Die Brühe durch ein feines Sieb in eine luftdicht verschließbare Frischhaltebox oder ein Vorratsglas füllen und im Kühlschrank bis zu 3 Tage aufbewahren.

NAHM JIM AJAD

Gurkenrelish

Nam jim ajad ist ein schnelles Gurkenrelish, das für eine kühle, süßsaure Beilage auf dem Thai-Tisch sorgt und eine perfekte Ergänzung zu den Frittierten Garnelenküchlein (Seite 128) und dem Gefüllten *Roti*-Fladenbrot (Seite 22) ist.

Für 4 Personen als Beilage

3 EL Weißweinessig

3 EL feiner Zucker

1 Msp. feines Meersalz

½ kleine Gurke, längs halbiert und dünn geschnitten

2 rote Thai-Schalotten, in dünne Ringe geschnitten

1 lange rote Chili, in dünne Streifen geschnitten

1 EL ungesalzene Erdnüsse, grob gehackt

Koriandergrün, zum Servieren

1 In einem kleinen Topf Essig, Zucker, Salz und 80 ml Wasser bei mittlerer Temperatur zum Kochen bringen. Wenn der Zucker sich aufgelöst hat, den Topf vom Herd nehmen und die restlichen Zutaten hineingeben. Abschmecken; das Relish sollte einen ausgewogen süßen und sauren Geschmack haben. Beiseitestellen und abkühlen lassen, dann mit den Korianderblättchen bestreuen und servieren.

SAAM-GLER

Drei-Gewürze-Paste

Die wörtliche Übersetzung von *saam-gler* ist »drei Freunde« – eine zutreffende Beschreibung der Harmonie der drei Zutaten, die die Grundlage für viele Thai-Gerichte bilden.

Ergibt 80 ml

5 Korianderwurzeln, sauber abgebürstet und gehackt

4 Knoblauchzehen

2 TL ganze weiße Pfefferkörner

1 Im Mörser die Korianderwurzeln kurz zerstoßen, dann den Knoblauch hinzufügen und das Ganze zu einer groben Paste zermahlen.

2 In einer Pfanne ohne Fett die Pfefferkörner bei mittlerer Temperatur rösten, bis sie duften, dann in den Mörser geben und die Mischung zu einer feinen Paste zerstoßen. Die Paste sofort verwenden oder in einer luftdicht verschließbaren Frischhaltebox oder einem Vorratsglas im Kühlschrank bis zu 1 Woche aufbewahren.

Pak DONG Isan

Scharfes eingelegtes Gemüse nach Art des Nordostens

Der auch *som pak* genannte fermentierte Kohl aus dem Nordosten Thailands ist eine großartige Beilage und ein Muss für Fans eingelegten Gemüses.

Ergibt 1 großes Vorratsglas eingelegtes Gemüse

1 kg Frühlingszwiebeln, in 5–7 cm lange Stücke geschnitten

1 Weißkohl, vom Strunk befreit und geviertelt

260 g feines Meersalz

1 eigroße Portion Klebreis

1 TL feiner Zucker

gefiltertes Wasser oder Wasser vom Reisabspülen vor dem Garen

5 rote Chilis, diagonal in Ringe geschnitten

1 In einer großen säureunempfindlichen Schüssel die Frühlingszwiebeln, den Kohl und die Hälfte des Salzes vermischen. Mit den Händen das Gemüse massieren und kneten, bis es weich wird und Saft abgibt. Das Gemüse unter fließendem Wasser abspülen und abgießen, dann wieder in die Schüssel geben.

2 Den Klebreis, den Zucker und das restliche Salz zum Gemüse geben, erneut massieren und kneten, bis alles vermischt und weiterer Saft ausgetreten ist.

3 Das Gemüse in ein sterilisiertes Vorratsglas füllen und mit gefiltertem Wasser oder Reiswasser bedecken. An einem kühlen, dunklen Ort mindestens 2 Tage fermentieren, dann die Chilis in das Glas geben und vor dem Servieren einen weiteren Tag fermentieren oder in den Kühlschrank stellen, wo sich das eingelegte Gemüse 1–2 Monate hält.

KHai JIEW

Knuspriges Omelett

Dieses einfache, beliebte Gericht kann für sich gegessen werden, mit gedämpftem Reis als Imbiss oder leichte Mahlzeit oder als Beilage zu anderen Gerichten wie Chinesischer Brokkoli mit knusprigem Schweinefleisch (Seite 66).

Für 1 Person

2 Eier

½ TL frisch gemahlener weißer Pfeffer

½ EL Fischsauce

1 TL Sojasauce

60 ml Pflanzenöl

gedämpfter Jasmin-Reis, zum Servieren (nach Belieben)

1 In einer Schüssel die Eier mit dem Pfeffer, der Fischsauce und der Sojasauce gründlich aufschlagen.

2 In einem Wok das Pflanzenöl bei hoher Temperatur erhitzen, bis es anfängt zu rauchen. Die Eier erneut aufschlagen, um Luft hineinzubekommen, dann in den Wok gießen.

3 Das Omelett etwa 2 Minuten braten, bis die Unterseite goldbraun ist, dann wenden und die andere Seite goldbraun braten. Das Öl abgießen und das Omelett nach Belieben zu gedämpftem Jasmin-Reis servieren.

Glossar

Die folgenden, in der Thai-Küche häufig verwendeten Zutaten sind in Asia- und Thai-Supermärkten oder Lebensmittelgeschäften erhältlich.

BASILIKUM
Drei Basilikumsorten werden in der Thai-Küche verwendet: Indisches Basilikum (*kaphrao*), Thai-Basilikum (*horapha*) und Zitronenbasilikum (*maenglak*). Jede Sorte hat ihr ganz eigenes Aroma, sodass sie sich nicht untereinander ersetzen können. Indisches Basilikum, teils auch als Scharfes Basilikum im Handel, ist würzig und pfeffrig, mit einem Aroma irgendwo zwischen Basilikum und Minze; Thai-Basilikum hat eine stärkere Anis- oder Lakritznote; Zitronenbasilikum wiederum zeichnet sich durch ein ausgeprägtes Zitrusaroma aus.

CHINESISCHER SELLERIE
Er wird auch Blattsellerie genannt und schmeckt ähnlich wie herkömmlicher Sellerie, nur intensiver. Anders als bei gewöhnlichem Sellerie werden bei Chinesischem Sellerie typischerweise nicht nur die Stängel, sondern auch die Blätter verwendet.

DURIAN
Durian ist eine tropische Frucht, die für ihren durchdringenden Geruch berüchtigt ist, den viele Menschen unangenehm finden. Die Frucht ist groß, mit einer stachligen Schale und weichem, goldgelbem Inneren. Das cremige Fruchtfleisch hat einen komplexen Geschmack, süß und zugleich herzhaft.

EINGELEGTE PFLAUMEN
Eingelegte Pflaumen werden hergestellt, indem man die Früchte des Chinesischen Pflaumenbaums, auch Dreiblütige Pflaume genannt, in Salz einlegt. Salzig und sauer, mit einem Hauch Süße, sind sie in Asia-Supermärkten erhältlich, häufig unter dem japanischen Namen für eingelegte Pflaumen, *umeboshi*.

EINGELEGTE SENFBLÄTTER
Eingelegte Senfblätter werden mit den Blättern der Chinesischen Senfpflanze (*gai choi*) hergestellt, die in Lake fermentieren, manchmal zusammen mit Chilis oder anderen Gewürzen. Sie schmecken salzig-säuerlich und sind im Glas oder vakuumverpackt in Asia-Supermärkten zu finden.

FERMENTIERTE SOJABOHNENPASTE
Die auch *tao jeow* oder gelbe Bohnenpaste genannte fermentierte Sojabohnenpaste mit intensiv salzigem Geschmack wird aus Sojabohnen hergestellt, die gesalzen werden und zu einer dicken, braunen Würzsauce fermentieren.

FISCHSAUCE
Fischsauce aus fermentiertem Fisch und Salz ist eine dünnflüssige, goldbraune Sauce mit durchdringendem Geruch, doch ihr Geschmack ist subtiler, eher herzhaft und umami-reich statt fischig.

GALANGAL
Als Mitglied der Ingwer-Familie hat Galangal (auch Großer Galgant genannt) einen beißenden, leicht scharfen und sauren Geschmack – etwas feiner als der von Ingwer. Frisch ist er in Asia-Lebensmittelgeschäften erhältlich, ansonsten findet man ihn in der Tiefkühlabteilung von Asia-Supermärkten.

GAPI
Die Paste aus fermentierten Garnelen ist eine unentbehrliche Zutat für die Thai-Küche. *Gapi* gehört in diverse Currypasten, Wok-Gerichte und Suppen, denen die Paste einen salzigen, umami-reichen Geschmack verleiht, und ist die Basis für die beliebte Würzsauce *nam prik gapi*. Sie ist in Asia-Supermärkten erhältlich.

GERÖSTETES REISPULVER
Khao khua ist eine wichtige Zutat für einige thailändische und laotische Gerichte, etwa den berühmten *laap*, ein Salat aus Hackfleisch und Kräutern. Geröstetes Reispulver kann fertig gekauft oder zu Hause selbst gemacht werden, indem man Reis in einer Pfanne ohne Fett goldbraun röstet und in einem Mörser zu einem mittelfeinen Pulver zerstößt.

GETROCKNETE GARNELEN

Die in Thailand als *kung haeng* bezeichneten Shrimps werden in der Sonne getrocknet und steuern eine konzentrierte, süße Umami-Note bei, die für viele Thai-Gerichte unentbehrlich ist.

GETROCKNETE UND GESALZENE MAKRELE

Die Makrelenfilets werden erst eingesalzen, dann getrocknet und heißen in Thailand *pla kem*. In guter Qualität sind die Makrelen nur leicht salzig, mit einem ausgeprägten Umami-Geschmack und einer angenehmen fischigen Note.

GRÜNE PAPAYA

Die unreife Form von roten oder gelben Papayas schmeckt sehr mild und ist schön knackig. Grüne Papayas werden meist für Salat verwendet, können aber auch gekocht werden.

INDISCHES BASILIKUM

Siehe Basilikum.

JUDASOHR-PILZE

Die Judasohr-Pilze, auch Wolkenohrenpilze genannt, bleiben auch gegart noch knackig. Sie sind frisch oder getrocknet erhältlich. Die getrockneten Pilze müssen vor der Verwendung eingeweicht werden.

KAFFIRLIMETTENBLÄTTER

Kaffirlimettenblätter stammen vom Kaffirlimetten-baum, der in Südostasien und China verbreitet ist. Die Blätter haben ein intensives Zitrusaroma. Frisch sind sie in Asia-Lebensmittelgeschäften erhältlich, ansonsten findet man sie in der Tiefkühlabteilung von Asia-Supermärkten.

KLEINER GALGANT

Der Kleine Galgant (Gewürzlilie) ist mit Ingwer und Galangal (Thai-Ingwer, Großer Galgant) verwandt und wird oft in indonesischen Gerichten verwendet, wo er *kencur* heißt. In der Thai-Küche kommt er seltener zum Einsatz. Er hat ein pfeffriges, beißendes Aroma.

KOKOSCREME UND KOKOSMILCH

Kokoscreme und Kokosmilch werden aus dem Fruchtfleisch reifer Kokosnüsse gewonnen. Kokos-milch ist flüssig, ähnlich wie Kuhmilch, während Kokoscreme dickflüssiger und gehaltvoller ist. Beide beeinflussen Geschmack und Textur der Gerichte unterschiedlich, daher können sie sich nicht einfach gegenseitig ersetzen. Beide bekommt man meist in Dosen, teilweise aber auch in Getränkekartons oder als Pulver.

KOKOSZUCKER

Kokoszucker ist eine Palmzuckersorte, die aus dem gekochten, konzentrierten und fest gewordenen Saft der Kokospalme besteht. Siehe auch Palm-zucker.

KRACHAI

Auch Fingerwurz genannt, ist Krachai ein Mitglied der Ingwer-Familie. Es schmeckt scharf und arznei-mittelähnlich und ist frisch und in der Tiefkühlab-teilung von Asia-Lebensmittelgeschäften erhältlich.

LANGER KORIANDER

Die Sägezahn-Koriander, Mexikanischer Koriander oder Langer Koriander genannte Pflanze hat lange, gezackte Blätter und ähnelt im Geschmack her-kömmlichem Koriander, ist allerdings viel intensiver.

LIME POWDER

Siehe Limewater.

LIMEWATER

Limewater oder *nam poon sai* ist eine basische Lösung, für die Lime Powder (Calciumhydroxid) mit Wasser vermischt wird, manchmal auch mit gemahlener Kurkuma. Lime Powder ist in Thai-Super-märkten erhältlich.

MAGGIWÜRZE

Maggiwürze ist eine dunkelbraune, umami-reiche Würzsauce mit Ähnlichkeit zu Sojasauce, jedoch mit einem konzentrierteren und komplexeren Aroma.

Fortsetzung »

NAM PRIK PAO

Auch als Thai-Chilipaste bekannt, ist *nam prik pao* eine scharfe, süße und leicht beißende Würzsauce aus gerösteten Schalotten, Knoblauch und Chilis, die mit Garnelenpaste, Tamarinde und Palmzucker zu einer Paste zermahlen werden.

PALMZUCKER

Palmzucker wird aus dem gekochten, konzentrierten und fest gewordenen Saft diverser Palmensorten gewonnen, darunter auch Dattelpalme und Kokospalme. Seine Farbe reicht von hellem Goldbraun bis zu Dunkelbraun, und der Geschmack ähnelt dem von braunem Zucker und Karamell. Palmzucker ist in Scheiben, als Granulat oder als Sirup erhältlich.

PANDANBLÄTTER

Pandanblätter stammen von einem palmenähnlichen Baum, der Pandan-Palme, die auch Schraubenbaum genannt wird. Die Blätter werden in der südostasiatischen Küche vielfach verwendet und sind frisch oder abgepackt im Kühlregal oder Tiefkühlregal in Asia-Lebensmittelgeschäften zu finden.

SAURE GRÜNE MANGO

Die unreife Frucht der beliebten Mango hat eine grüne Schale und ist recht fest. Sie kann für Salate verwendet und eingelegt werden, die etwas süßeren Exemplare schmecken auch pur mit Salz und Chili.

SCHLANGENBOHNEN

Schlangenbohnen ähneln grünen Bohnen, sind nur sehr viel länger – bis zu 75 cm. Sie können roh oder gekocht gegessen werden.

SCHNITTKNOBLAUCH

Schnittknoblauch oder Chinesischer Knoblauch gehört zur Zwiebel- und Knoblauchfamilie und ist eine beliebte Zutat für Wok-Gerichte. Schnittknoblauch ist länger und dicker als Schnittlauch und hat ein ausgeprägtes Knoblaucharoma.

SRIRACHA

Sriracha ist eine der bekanntesten Saucen Thailands. Die scharfe Würzsauce, die aus Chili, Essig, Knoblauch, Zucker und Salz hergestellt wird, ist würzig und moderat scharf.

TAGLILIENBLÜTEN

Die essbaren, getrockneten Blüten der Taglilie geben Gerichten einen erdigen und leicht süßen Geschmack.

TAMARINDE

Tamarinde ist das Mark der Früchte des Tamarindenbaums, der aus Afrika stammt, aber weltweit angebaut wird. Es schmeckt herb und süßsauer und ist in Asia-Supermärkten als Tamarindenmark, Tamarindenkonzentrat und Tamarindensauce zu finden.

TARO

Taro ist eine tropische Pflanze mit essbaren Blättern und Knollen; Letztere werden in vielen Küchen wie ein Wurzelgemüse gegessen. Es ist hellviolett, hat einen süßen, nussigen Geschmack und muss vor dem Verzehr gegart werden. Man findet es leicht in asiatischen und afrikanischen Lebensmittelläden.

THAI-BASILIKUM

Siehe Basilikum.

TODDY-PALM-PÜREE

Toddy-Palm-Püree wird aus der Frucht der Toddy-Palme hergestellt, die in Südostasien heimisch ist. Das faserige Fleisch ist goldgelb, und auch die geleeähnlichen Samen werden gegessen, oft in Sirup. Toddy-Palm-Püree ist in der Dose oder im Glas in Asia-Supermärkten erhältlich und wird auch als Toddy-Palm-Paste angeboten.

WASSERSPINAT

Das auch *pak bung* genannte grüne Blattgemüse wird in Thailand, Vietnam, Kambodscha und Malaysia angebaut. Es hat lange, herzförmige Blätter und hohle Stängel, die köstlich knackig sind.

ZITRONENBASILIKUM

Siehe Basilikum.

Über die Autoren

Sareen und Jean verbrachten beide ihre Kindheit in Bangkok, wo ihre tiefe Verbundenheit mit der Thai-Küche entstand wie auch mit der Art und Weise, wie Thailänder essen und kochen. Dieses Buch vereint das Interesse der beiden Autoren an der Geschichte von Thai-Food und ihre Liebe zu den lokalen Gerichten, und es nimmt Sie mit auf eine Tour durch Bangkoks einzigartige kulinarische Szene.

Sareen arbeitete im Kunstbereich, als er seine Liebe zum Backen mit Sauerteig entdeckte, und kurz darauf auch für das Kochen. Jean liebt alle Desserts und bereitet sie gerne zu, am liebsten Süßspeisen mit thailändischem Ursprung. Einige Zeit führten die beiden ihr Restaurant NORA in Melbourne, Australien, das zeitgenössische Küche mit Einflüssen der Thai-Kultur anbot. Unlängst sind beide nach Thailand zurückgekehrt, um dort zu leben und wieder ganz in die so außergewöhnliche Kochkultur des Landes einzutauchen.

Register

Impressum

Verantwortlich: Susanne Caesar
Übersetzung aus dem Englischen: Dr. Gabriele Kalmbach
Lektorat: Annegret Schenkel
Korrektur: Constanze Lüdicke
Einbandgestaltung: Leeloo Molnar
Satz: satz & repro Grieb, München

Druck: Neografia Martin
Printed in Slowakia

Unser komplettes Programm finden Sie unter:

 www.christian-verlag.de

Die Deutsche Nationalbibliothek verzeichnet diese
Publikation in der Deutschen Nationalbibliografie;
detaillierte bibliografische Daten sind im Internet über
http://dnb.d-nb.de abrufbar.

★ ★ ★ ★ ★

**Sind Sie mit diesem Titel zufrieden? Dann würden
wir uns über Ihre Weiterempfehlung freuen.**
Erzählen Sie es im Freundeskreis, berichten Sie Ihrem
Buchhändler oder bewerten Sie bei Onlinekauf.
Und wenn Sie Kritik, Korrekturen, Aktualisierungen
haben, freuen wir uns über Ihre Nachricht an:

Christian Verlag
Postfach 40 02 09
D-80702 München
oder per E-Mail an
lektorat@verlagshaus.de